나의 체스 이력서

My Chess Career

호세 라울 카파블랑카 지음
유정훈 옮김

필요
한책

■ 본서는 번역 저본으로 J. R. Capablanca의 『My Chess Career』(Dover, 1966)와 『My Chess Career』(Hardinge Simpole, 2003)를 대조하며 작업을 진행하였습니다.

■ 모든 각주는 번역자가 작성한 것입니다.

■ 이 책에서 사용된 글꼴은 제주명조체, G마켓 산스 TTF, KoPub바탕체, KoPub돋움체, KBIZ한마음명조체, Old English Text MT, Rage Italic입니다.

목차

서론

특정한 활동 영역에서 위대해진 사람의 업적에 관한 기록보다 더 흥미로운 무언가가 있다면, 그것은 그의 실력이 발전한 과정이다. 그의 정신적 발달이 성숙해지는 여러 단계에 대한 통찰을 얻을 때야말로 그의 대단한 업적의 기반과 구조를 더 잘 판단할 수 있다. 체스의 위대한 마스터들 또한 다른 무언가를 추구하는 이들처럼 이러한 관점이 적용된다. 그런데도 그들의 경력이 작가들에게 이와 같은 관점에서는 거의 다루어지지 않았다는 점은 이상하다. 일반적으로 우리는 그들의 숙련된 성과가 드러나는 한정된 사례에 관한 기록 외에는 거의 얻지 못한다. 토너먼트가 열리고, 대전이 잡히고, 게임에 대한 내용이 출판되고, 연구되고 논의되며, 마스터들은 특정한 경우의 특정한 업적에 의해 평가된다. 그러다가 발전의 중요한 순간을 놓치게 된다. 그러나 천재성이나 재능의 발전 과정이란 천재성이나 재능 자체보다 그 얼마나 중요한가? 잘 발전된 재능은 마스터를 배출한다. 그것을 안 좋게, 불완전하게 훈련시키면 '아마추어 애호가dilettante'를 갖게 된다. 제대로 훈련받지 못한 천재는 최고의 능력을 발휘하지 못한다. 그러나 제대로 발전시키면 카파블랑카를 갖게 된다.

어떤 면에서 천재는 고난과 장애에도 불구하고 승리하며 자신을 주장한다는 점에서 재능을 넘어서는 장점이 있다. 그러한 완전한 확장을 막게 만드는 단 한 가지가 있는데, 그것은 넓은 문화적 감각에 대한 교육의 부족이다. 필자는 카파블랑카가 체스

영역 밖에서 읽고 공부하는 범위를 판단할 기회가 많았다. 그래서 그의 정신적인 야심이 체스라고 상상하며 체스를 생각하고 체스를 꿈꾸고 체스만을 위해 살아간다고 짐작하는 사람들은 절망적으로 틀렸다고 단언할 수 있다. 사실, 그는 많은 열성적인 아마추어들보다 훨씬 더 적은 시간을 체스에 할애한다. 그의 관심사는 훨씬 더 넓고 역사, 예술, 음악, 과학, 스포츠를 포용한다. 그리고 필자는 카파블랑카가 우리에게 전해 주는 체스 기술자 이상의 것이 바로 이 넓은 범위의 사고라고 믿는다.

이 책은, 체스를 그렇게 부를 수 있다면, 그의 '예술'의 진화를 다룬다. 우리는 차근차근 마스터의 경력을 따라가다 우연히 그 사람과 만나게 되고, 그가 지금 능력의 정점에 있다고 느끼면서도 그 능력이 어디까지 더 나아갈 수 있는지 묻고 싶은 유혹에 빠진다.

카파블랑카는 폴 모피Paul Morphy와 비교되었고, 그러한 비교는 그들의 플레이 스타일과 발전이 시작된 유별나게 이른 나이를 고려하면 정당성이 있다. 우리는 뢰웬탈Johann Jacob Löwenthal과 같은 노련한 선수로부터 열세 살의 모피가 승리를 따내는 장면을 발견한다. 열두 살의 카파블랑카는 쿠바 챔피언을 세트 경기에서 이겼다. 스무 살 모피는 7승 2패 2무로 안데르센Karl Ernst Adolf Anderssen을 이겼다. 같은 나이에 카파블랑카는 마셜Frank James Marshall을 8승 1패 14무로 이겼다. 같은 나이에 모피는 자신에게 맞섰던 모든 마스터들을 상대로 승리를 거두었는데, 반면 스턴튼은 그에게 경기를 할 기회를 주지 않았다. 산세바스티안에서도 같은 식으로, 카파블랑카는 충분히 얻을 만한 승리를 거두었고, 라스커 또한 1911년에 도전을 받았을 때 그와의 만남을 피했다. 비록 그때는 이 거인들이 만날 수 있겠다는 희망이 있었지만 전쟁*이 일어나면서 그 희망은 끝났다. 더 이상의 비교는 거의 불가능하며, 끝없는 논쟁으로 가는 길을 열어줄 뿐이다. 만약 모피가 모든 동시대인들에 대한 자신의 우월성을 확립하였다고 말할 수 있다면, 동시에 그의 책무는 의심할 여지없이 가벼웠다고도 말할 수 있다. 왜냐하면 그의 시대에는 지금의 우리가 1등급이라고 간주할 수 있는 마스터가 거의 없었기 때문이다. 반면에 모피가 '탁월성들'로 유명했던 것을 감안할 때, 그의 상대들에게는 더 많은 기회가 주어졌다고 말할 수 있다. 왜냐하면 그들의 상대가 지금 카파블랑카가 마주친 상대들보다 상대적으로 약했기 때문이다. 모피는 포지션 플레이에 대한 지식이 적은 마스터를 만나게 되면 간단한 방법으로 승리하곤 했다. 예를 들자면 하르위츠Daniel Harrwitz와의 대전을 대기만 하면 된다. 그 여덟 번의 경기 전체 세트에는 거의 '탁월성'이 없었다.

여기서 '공격적 플레이'와는 별도로 분류된 분야로서의 '포지션 플레이'에 대한 언급은 체스 선수들의 고려사항에 있어 매우 중요한 주제이며, 카파블랑카의 게임에 대한 연구로부터 많은 깨달음을 얻을 수 있는 주제임을 시사한다.

일반적인 믿음에 따르면 '포지션적positional' 선수는 수적 우위에 의한 장기적 관점의 승리를 위한 작은 전술적 이점 운영에 만족하고, 공격 또는 '상상적imaginative' 선수는 포지션을

* 제1차 세계 대전.

대수롭지 않게 여기지만 빠른 승리를 위해 웅장하고, 늠름하고, 화려한 공격을 계획한다.

카파블랑카는 종종 전자의 영역에 속한다고 일컬어지지만, 우리는 그가 참가한 모든 토너먼트에서 매우 아름답고 깊고 멀리 내다보는 콤비네이션을 통해 훌륭한 탁월성을 잡아내는 모습을 발견할 수 있다. 사실, 진정한 체스 선수는 반드시 승리를 얻을 수 있는 그런 포지션을 위해 게임을 하고, 그 다음에야 가장 빠르고 직접적인 방법으로 집*을 얻는 공격을 고안한다. 만약 그런 방식이 예술적 콤비네이션과 빛나는 희생으로 이루어진다면, 탁월성과 건전성이 결합된 그 결과는 아름답기에 '감식가'는 기쁨에 가득 찰 것이다. 연구생들은 모피의 탁월성들이 거의 변함없이 포지션적 우월함이 확립된 후에 일어났음을 발견할 수 있을 것이다. 그러나 그러한 단계에 도달하기 전의 공격 시도는 기초지식의 부족을 입증하는 것이며, 열등한 운영을 상대로 할 때만 이길 수 있다. 포지션에 의한 합리성 없이 시작된 콤비네이션은 진정한 체스 예술가에게는 확실히 고통스러운 일이고, 만약 그 모험이 성공한다면 더욱 더 고통스럽다. 전부터 회자되는 바지만, 희생은 대체로 기회의 문제다. 카파블랑카가 아르헨티나를 방문했을 때, 그는 긴 연승을 거둔 모든 경기들을 희생을 치르며 승리했다.

이 책의 가장 흥미로운 부분은 게임에 대한 설명에서 찾을 수 있을 것이다. 이렇게 철저하고 정확하며 권위 있는 설명은

* 흑과 백 입장에서 폰이 승진하는 각각의 끝 랭크를 말한다. 백은 8랭크, 흑은 1랭크.

거의 찾아볼 수 없다. 그리고 체스 선수들은 같은 펜으로 쓰여진 체스 문학, 특히 카파블랑카의 체스 논문의 더 많은 기여를 기대하게 될 것이며, 그 첫 번째 책인 『체스의 기본Chess Fundamentals』은 내년에 등장할 것이다. 카파블랑카가 치른 실전에서의 많은 논점들이, 현재 많은 강력한 선수들의 이해를 넘어 분명해질 것이다. 제3권과 마지막 권이 나온 후에는, 그의 실력의 수수께끼는 모두 풀릴 것이다.

이 책에 관해서, 카파블랑카는 완전히 객관적인 기준으로 썼으며, 생각 없는 이만이 그의 본성과 괴리된 자만심이나 자화자찬의 흔적을 발견할 것이다. 그는 스스로를 거짓 겸손인 '마스터'가 아니라 '세계에서 가장 위대한 선수 중 한 명'이라고 말하는데, 이것은 오히려 자신의 실력을 의식하고 있음을 드러내며 (그의 실력에 비하면) 충분치 않은 표현이다.

게다가, 이 책은 그 자신에 대한 것뿐만 아니라 경기력의 발달에 대해 다루고 있다. 그러므로 이 책은 새로운 영역을 개척하고 있으며, 의심할 여지없이 체스 문학에 귀중한 추가물을 제공할 것이다.

다음 표는 지금까지의 카파블랑카의 경기와 토너먼트 경기, 그리고 싱글 또는 컨설팅 마스터나 의심할 여지없는 마스터들이나 선수들을 상대로 한 공개 시범 경기에서의 업적에 대한 지금까지의 완전한 기록을 제공한다. 비공개 경기나 열세인 상대에게 이긴 경기는 포함하지 않았다.

J. 듀 몬트Julius Du Mont

토너먼트TOURNAMENTS					
	년	순위	승리	무승부	패배
뉴욕	1911	2	8	3	1
산세바스티안	1911	1	6	7	1
뉴욕	1913	1	10	2	1
아바나	1913	2	8	4	2
뉴욕	1913	1	13	0	0
상트페테르부르크	1914	2	10	6	2
뉴욕	1915	1	12	2	0
뉴욕	1916	1	12	4	1
뉴욕	1918	1	9	3	0
헤이스팅스	1919	1	11	1	0
합계			99	32	8

대전MATCHES				
	년	승리	무승부	패배
마셜과의 대전	1909	8	14	1
코스티치와의 대전	1919	5	0	0

시범 경기EXHIBITION PLAY			
	승리	무승부	패배
상트페테르부르크	5	0	1
모스크바	2	1	0
키이우	-	1	0
리가	1	0	0
우치	1	0	0
베를린	4	0	0
빈	4	1	0
부에노스 아이레스	4	1	0
뉴욕	3	1	0
합계	24	5	1

*헤이스팅스를 제외한 모든 경기는 한 시간에 15수의 제한을 두거나 첫 두 시간에 30수의 제한을 뒀으며 그 이후 시간당 15수로 이뤄졌다.

1911년 런던임페리얼체스클럽의 호세 라울 카파블랑카 ©클리블랜드공공도서관

작가의 말

이 책은 체스계에서 지금의 저를 만든 사건들과 상황들을 말해야 한다는 일반적인 요구와의 만남을 위해 만들어졌습니다. 글을 쓰면서 개인적으로 저를 잘 모르는 사람들에게 극도로 자만하는 모습으로 보일 수 있는 위험을 무릅쓰고 게임, 포지션, 그리고 그 외의 것들에 대해 어떻게 생각하는지에 대한 진실을 말하고자 노력했습니다. 우쭐대는 것은 어리석은 일이지만, 그보다 훨씬 더 어리석은 것은 모든 사실이 증명하는 바를 숨기려고 헛되이 시도하는 거짓 겸손이기 때문입니다.

여기서는 제가 비기거나 패배한 게임을 제시하지 않습니다. 왜냐하면 그것들은 책의 목적에 불충분하다고 생각했기 때문입니다. 살면서 단 한 게임도 질 수 없다는 생각에 바짝 다가선 적이 있었습니다. 그러면 저는 패배했고, 패배한 게임은 저로 하여금 꿈나라에서 지금 살고 있는 땅으로 돌아오게 했습니다. 적절한 시기에 매질을 받는 것만큼 건강한 일은 없습니다. 그리고 몇 번의 승리로부터 상당수의 패배에서 얻은 것만큼 많은 것을 배우기도 했습니다. 당연하지만 중요한 순간에 패배하고 싶지는 않습니다. 하지만 그럴 수 없고, 그럼으로써 과거에 패배로부터 얻은 만큼의 이익을 얻는다고 한다면, 미래에는 가급적 더 적게 패배하기를 바랍니다.

정성껏 작성한 메모에는 실수가 발견되지 않을 것이며, 이전에 불명확하게 남아 있었을지도 모르는 점들을 정리하는 역할을 하리라 믿습니다. 또한 독자로 하여금 거기서 교훈과 즐거움을 발견하기를 바랍니다. 그럼으로써 이 책은 전 세계의 체스 선수 군단, 특히 수수께끼가 전혀 아닌 '나의 체스 이력'의 베일을 들어올리는 데 충실하길 바랐던 많은 친구들의 인정을 받을 수 있으리라 기대합니다.

J. R. 카파블랑카

1250년경 영국의 나이트 기물 ©메트로폴리탄미술관

존 F. 롱 판사 소유 체스 기물들(1840년 직후) ©미주리역사박물관

PART 01

***체스 기보 읽는 법**

킹King=K	퀸Queen=Q	룩Rook=R
비숍Bishop=B	나이트Knight=N	

폰Pawn은 약어로 따로 표기하지 않고 칸의 기호로만 나타냄

파일File	체스보드 세로줄을 뜻하며 체스보드에는 알파벳 (a~h)으로 표기
랭크Rank	체스보드 가로줄을 뜻하며 체스보드에는 숫자 (1~8)로 표기

x	x 앞의 기물이 x 뒤의 기물을 잡는 것		
+	체크	#	체크메이트
0-0	킹사이드(e, f, g, h파일) 캐슬링		
0-0-0	퀸사이드(a, b, c, d파일) 캐슬링		
!	좋은 수	!!	아주 좋은 수
?	실수	??	심각한 실수
!?	흥미로운 수	?!	의심되는 수
1-0	백 승	0-1	흑 승
1/2-1/2	비김		
...	흑 차례의 수		
e.p.	앙파상		
폰 승진	폰의 기보 끝에 승진된 기물의 약어를 표기 (예: 폰이 h8에 와서 퀸으로 승진한 경우 h8Q)		

1장
입문

이 작은 책의 목적은 독자들에게 제가 현재의 실력에 도달하기 전까지 거쳐온 많은 단계들과, 현재의 제가 가치 있는 상대와 마주했을 때 떠올리는 사고방식에 대한 약간의 아이디어를 주는 것입니다. 의심할 바 없이, 세계에서 가장 강한 선수들 중 한 명이 어떻게 그런 실력을 얻었는지, 어떤 과정을 거쳐 왔는지, 아직 발전하지 않았을 때 그의 사고방식이 어떻게 오늘날까지 점차 변화했는지, 그리고 그러한 사고방식들이 여전히 더 발전할 수 있는지 확인하는 것은 흥미로운 일일 것입니다. 또한 심리적인 부분의 관심사와는 별도로, 체스에서 어느 정도 숙련되기를 원하는 사람들에게는 실용적 가치가 있는 많은 포인트들이 있게끔 만들었습니다.

체스 경력에 대해 이야기하면서 저는 가장 중요하게 생각하는 부분들에서 멈추어서, 게임이 진행되던 시기에 쓰여진 제 메모와 함께 제가 한 게임의 예제를 들거나, 게임이 진행되는 동안 가졌던 아이디어를 표현하고자 합니다. 이것은 이 책을 다른 책들과 다르게, 더 흥미롭게 만들 것이라고 믿습니다. 마지막으로 공간이 허락된다면 주로 초보자들에게 유용할 몇 가지 내용을 추가할 것이지만, 그 내용 중 일부는 경험이 더 많은 선수들에게도 가치가 있으리라 봅니다.

저는 1888년 11월 19일 쿠바 섬의 수도인 아바나에서 태어났습니다. 아직 다섯 살이 되지 않았을 때 우연히 아버지의 개인

사무실에 들어갔는데, 그는 다른 신사와 체스를 두고 있었습니다. 저는 전에 체스 게임을 본 적이 없었습니다. 기물들은 흥미로워 보였고, 다음날 그들이 다시 두는 것을 보러 갔습니다. 셋째 날, 제가 바라본 바로 아버지는 매우 형편없는 초보자였습니다. 그는 나이트 하나를 하얀색 칸에서 다른 하얀색 칸으로 옮겼습니다. 분명 아버지보다 더 나은 선수가 아니었던 상대는 그것을 알아차리지 못했습니다. 아버지가 이겼고, 저는 그를 사기꾼이라고 부르며 웃기 시작했습니다. 제가 방에서 거의 쫓겨날 뻔한 약간의 말다툼 후에, 저는 아버지에게 그가 한 것을 보여 주었습니다. 그는 체스에 대해 어떻게, 무엇을 아느냐고 물었습니다. 저는 그를 이길 수 있다고 대답했고, 그는 제가 그 기물들을 세팅할 수 없다고 여기며 그런 일은 불가능하다고 말했습니다. 우리는 결론을 내렸고, 제가 이겼습니다. 그게 시작이었습니다. 며칠 후, 아버지는 저를 아바나체스클럽으로 데려갔습니다. 그곳에서 가장 강한 선수들은 제게 퀸을 내놓게 만드는 게 불가능하다는 것을 알게 되었습니다. 그 무렵 러시아의 마스터, 타우벤하우스Jean Taubenhaus*가 아바나를 방문했는데, 그는 저에게 그와 같은 역경을 선사하려면 자신의 능력을 넘어서야 한다고 선언했습니다. 나중에 1911년 파리에서 타우벤하우스는 종종 "나는 카파블랑카에게서 퀸을 잡은 살아있는 유일한 마스터다"라고 말하곤 했습니다.

그 후 몇 년 동안 집에서 가끔 홀로 체스를 뒀습니다. 의사들

* 장 타우벤하우스는 바르샤바 태생의 폴란드인이나 당시에는 러시아가 폴란드를 분할 통치하던 시절이어서 러시아로 기재한 것으로 추정.

은 계속 그러면 제게 해로울 거라고 말했습니다. 여덟 살 때는 일요일마다 클럽에 자주 들렀고, 곧 그곳에서 가장 강한 선수인 돈 셀소 골마요Don Celso Golmayo는 제 룩을 잡을 수 없게 되었습니다. 두세 달 후에 저는 아바나를 떠났으며, 돌아올 때까지는 체스를 두지 않았습니다. 돌아왔을 때 제 나이는 열한 살이었고, H. N. 필스베리Harry Nelson Pillsbury*가 클럽을 방문했으며, 엄청난 능력과 천재성으로 모두를 놀라게 했습니다. 돈 셀소 골마요는 세상을 떠났지만, 바스케스Vasquez와 후안 코르소Juan Corzo가 남아 있었는데, 후자가 전자로부터 쿠바 챔피언을 획득하였습니다. 이런 분위기 속에서 저는 3개월 만에 일등급으로 올라섰습니다. 제 실력을 시험하기 위해 일급 선수들과 각각 두 게임씩을 치르는 일련의 경기들이 마련되었습니다. 막 사망한 바스케스를 제외한 모든 강자들이 대회에 참가했습니다. 결과는 두 게임 모두 저를 패배시킨 챔피언 코르소 다음 자리에 제가 섰다는 것을 증명했습니다.

* 미국을 대표하는 체스 선수로 당대 최고의 선수들이 모였던 1895년 헤이스팅스 토너먼트의 우승자로 유명하다. 서른세 살에 요절했다.

2장
후안 코르소와의 대전

제 팬들 중 몇몇은 제가 코르소를 이길 좋은 기회를 가져야 한다고 생각했습니다. 그들은 제가 체스 책을 본 적이 없다는 사실에 패배의 책임을 돌리고 공부를 하라고 재촉했습니다. 그들 중 한 명이 여러 권의 책을 주었고, 그 중 한 권은 엔딩에 관한 것이었습니다. 저는 엔딩을 좋아했고 그 중 몇 가지를 연구했습니다. 한편 코르소와의 경기가 준비되었고, 네 번의 경기에서 먼저 이기면-비긴 경기는 제외-승자로 선언될 예정이었습니다. 저는 적수가 저보다 우월하다는 확신과 함께 경기를 시작했습니다. 그는 모든 오프닝을 알고 있었지만 저는 아무것도 몰랐습니다. 그는 제가 전혀 모르는, 위대한 마스터들의 많은 경기들을 암기했습니다. 게다가, 제가 초보일 시절에 그는 이미 많은 경기를 치렀고 많은 경험을 쌓았으며 모든 종류의 속임수를 겪었습니다. 처음 두 경기는 그가 빠르게 이겼습니다. 하지만 무승부였던 세 번째 경기에서 그는 약점인 무언가를 보여 주었고 저는 필요한 용기와 자신감을 얻었습니다. 그 이후로 그는 한 경기도 이기지 못했고, 제가 필요한 네 번의 승리를 따내기 전까지 겨우 다섯 번의 무승부만 더 얻었습니다. 그 승리는 적어도 윤리적 측면에서 저를 쿠바의 챔피언으로 만들었습니다. 그때가 열두 살이었습니다. 저는 그 어떤 오프닝 책에서 나온 지식도 없이 경기를 치렀습니다. 그 시합은 오프닝에 대한 더 나은 사고방식을 제공해 주었습니다. 저는 미들게임에 더 능숙해졌고 퀸이 교환되면 확실하게 강해졌습니다.

그 대전에서의 두 경기를 덧붙입니다. 이것들은 아이다운 진취성과 콤비네이션의 생생한 사고방식을 보여 주지만, 당연하게도 위대한 마스터들의 게임을 특징짓는 간결하고 기계 같은 능력이 부분적으로 결여되어 있습니다. 그러나 이 경기들 중 하나에서, 저는 오늘날에도 볼 수 없을 정도의 강력한 압박과 효율성을 갖고 공격을 수행할 수 있었습니다.

여기 그 두 경기가 있습니다.

1. 햄프 올게이어 토롤드 갬빗

Hampe Allgaier Thorold Gambit

백: J. 코르소　　　　흑: J. R. 카파블랑카

1	e4	e5
2	Nc3	Nc6
3	f4	

코르소는 제가 책으로부터 배운 지식이 턱없이 부족하다는 사실을 알고 있었고, 결과적으로는 제가 적절한 답을 찾기 어려울 수 있는 이런 종류의 도박을 반복적으로 시도했습니다.

3	...	exf4
4	Nf3	g5
5	h4	g4
6	Ng5	h6
7	Nxf7	Kxf7
8	d4	d5

그 후 코르소는 저에게 책에서는 8...d6를 추천한다고 말했습니다.

9	exd5	Qe7+

우리는 이전 게임에서도 이 변형을 뒀었고, 코르소는 이 체크에 Be2로 응수했었습니다. 그 경기는 무승부로 끝났지만 제가 이겼어야 했습니다. 코르소는 포지션을 분석한 후에 누군가에게 자신이 Kf2를 둬야 했다고 말했습니다. 저는 이 말을 듣고 스스로 상황을 분석해 본 결과, 이번 경기에서는 제가 연습한 연속수로 흑이 이겨야 한다는 생각이 들어 한 번 해보기로 결정했습니다.

10	Kf2	g3+
11	Kg1	

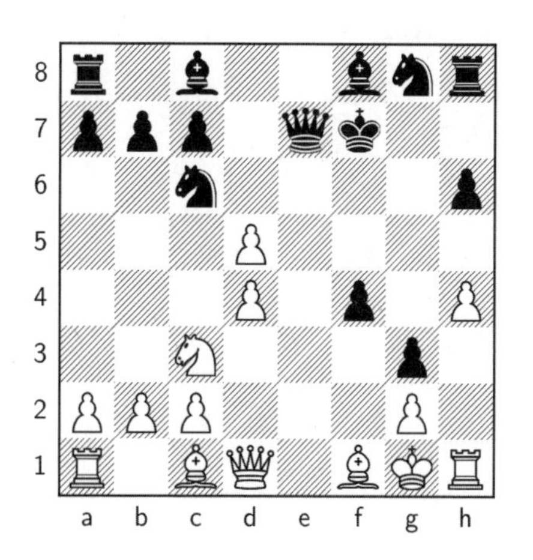

11	...	Nxd4
12	Qxd4	Qc5
13	Ne2	Qb6
14	Qxb6	axb6
15	Nd4	Bc5

16	c3	Ra4
17	Be2	Bxd4+
18	cxd4	Rxd4
19	b3	Nf6
20	Bb2	Rd2
21	Bh5+	Nxh5
22	Bxh8	f3
23	gxf3	Nf4
24	Be5	Rg2+
25	Kf1	Rf2+
26	Ke1	Nd3+
	백 기권	0-1

2. 퀸스 폰 오프닝 *Queen's Pawn Opening*

(코르소와의 대전 마지막 경기)

백: J. R. 카파블랑카　　**흑: J. 코르소**

1	d4	d5
2	Nf3	c5
3	e3	Nc6
4	b3	e6
5	Bb2	Nf6
6	Nbd2	cxd4
7	exd4	

오늘날 이 경기를 볼 때, 저는 저의 오프닝 동작이 보여 주는 정석적으로 훌륭한 시스템에 놀랍니다. 저는 백을 잡았을 때는 항상 d4를 뒀던 것을 기억합니다. 왜냐하면 그런 방식으로 코르소 씨로 하여금 오프닝에서의 제 약점을 효과적으로 이용할 수 없게 만들었기 때문입니다. 이 경기에서 지금까지의 저는 매우 잘했습니다.

7	...	Bd6
8	Bd3	0-0
9	0-0	Nh5
10	g3	f5

11	Ne5	Nf6
12	f4	Bxe5
13	fxe5	Ng4
14	Qe2	Qb6
15	Nf3	Bd7
16	a3	

16 a3는 흑의 ...Nb4를 막고 퀸사이드 폰의 진격을 준비하기 위한 수입니다. 오늘날에도 같은 계획을 따랐을 것입니다.

16	...	Kh8
17	h3	Nh6
18	Qf2	Nf7
19	Kg2	g5
20	g4	Ne7
21	Qe3	Rg8
22	Rae1	Ng6
23	gxf5	Nf4+
24	Kh2	Nxd3
25	Qxd3	exf5

공격을 준비하는 포지션 플레이는 마스터급 선수에게 가장 큰 부담 중 하나입니다. 오늘날, 모든 것을 고려해 봤을 때, 그럼에도 불구하고 저는 꽤 그럴 듯하게 잘해냈습니다. 그리고 결정적

인 지금 순간에, 매우 훌륭한 콤비네이션을 생각해 냈습니다.

26	c4	Qe6

비록 26...Qh6가 그에게 더 나은 기회를 주었을지라도, 저는 그가 이 수를 두리라고 생각했습니다.

27	cxd5	Qxd5
28	e6	Bb5

흑이 만약 ...Bxe6면 백은 Rxe6로 응수했을 게 명백합니다.

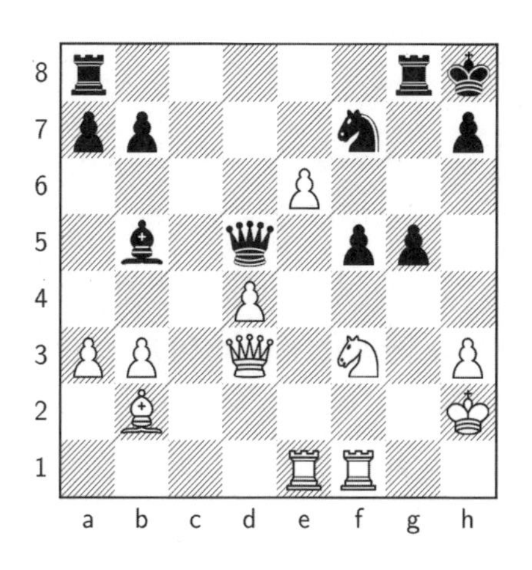

29	Qxb5

오늘날에는 29 Qd2를 둬서 이겼을 가능성이 높지만, 그 당시에는 퀸을 제물로 바치고자 하는 유혹을 뿌리칠 수 없었습니다.

어쨌든, 제가 28 e6를 뒀을 때 염두에 둔 유일한 연속수는 이와 같은 텍스트 무브*였습니다.

29	...	Qxb5
30	d5+	Rg7
31	exf7	h6

31...Rf8가 좀 더 나았을 것입니다. 그러면 다음과 같이 진행되었을 것입니다. 32 Nd4 Qxd5(최선) 33 Re8 Qxf7 34 Rxf8+ Qxf8 35 Nxf5, 그리고 백이 승리하게 됩니다.

32	Nd4	Qxf1

최선입니다. 만약 32...Qd7을 뒀다면 33 Nxf5 Qxf7 34 Bxg7+ Kh7 35 Re7, 여기서 흑은 35...Qxd5를 둘 수 없기에 퀸이 잡힙니다. 35...Qxd5를 두면 36 Be5+ Kg6 37 Rg7+ Kh5 38 Ng3+ Kh4 39 Rf4+ gxf4 40 Rg4로 메이트가 됩니다.

33	Rxf1	Rxf7
34	Rxf5	Rxf5
35	Nxf5+	Kh7

* 체스 기보를 설명할 때는 기보에 대한 설명과 함께 변형이나 대안을 함께 설명하는 게 일반적인데, 그러한 변형이나 대안 행마와 구분하기 위해 원래 기보에서 행해진 행마를 가리키는 용어.

36	Ne7	Rf8
37	Kg2	h5
38	d6	g4
39	hxg4	hxg4
40	Be5	Kh6
41	d7	Rd8
42	Ng8+	Rxg8
43	Bf6	Kg6
44	d8Q	Rxd8
45	Bxd8	

나머지는 쉽습니다. 제 이력의 한 시절을 마감하기 전에 한 가지 덧붙여야 할 말이 있습니다. 제 나이와 적은 경험치를 고려하면 이 게임은 꽤 주목할 만합니다. 심지어 엔드게임도 아주 잘 해냈습니다.

45	...	b5
46	Kf2	Kf5
47	Ke3	Ke5
48	Kd3	Kd5
49	Kc3	g3
50	Bh4	g2
51	Bf2	a5
52	b4	Ke4

53	Bb6	Kd5
54	Kd3	Kc6
55	Bg1	Kd5
56	Bh2	Kc6
57	Kd4	a4
58	Ke5	Kb6
59	Kd5	Ka6
60	Kc5	**기권**
	1-0	

만약 60 Kc6를 두면 60...g1Q 61 Bxg1으로 스테일메이트가 됩니다.

다음 2년 동안 저는 고등학교 과정을 마치는 데 전념했습니다. 1904년에는 영어를 배우고 컬럼비아대학교에 입학할 준비를 하기 위해 미국으로 갔습니다. 1905년에 뉴욕의 맨해튼체스클럽에 처음으로 방문했습니다. 비록 오랫동안 경기를 하지 않았지만, 그 유명한 클럽의 많은 일급 선수들 중 한 명을 상대로 좋은 스타일로 첫 경기를 이겼습니다. 저는 일요일 오후 방문객이 되었고, 1년 후인 1906년에 클럽의 모든 선수들과 동등하게 여겨졌습니다. 특히 빠르고 번개같은 체스에서 쉽게 최고가 되었습니다. 그리고 곧 증명하듯이, 세계 체스 챔피언이자 의심의 여지없이 모든 종류의 체스에서도 최고의 선수인 엠마누엘 라스커 박사를 포함하여 32개의 필드에서 펼쳐진 소위 래피드 트랜싯 토너먼트Rapid Transit Tournament에서 우승한 것처럼, 세계 최강자들과 경쟁할 수 있었습니다. 같은 해에 화학공학 과정을 밟기 위해 컬럼비아 대학교에 입학했습니다. 입학 시험을 통과하면서 대수학에서 99% 정답이라는 높은 점수를 얻었는데, 시험 시간 3시간 중 1시간 15분만을 사용했습니다. 그리고 다른 과학 과목에서도 높은 점수를 받았습니다. 심리학자들이 만들고 싶어 하는 추론을 위해 이 사실들을 밝힙니다.

3장
1906~1908년

많은 신체 스포츠를 한 2년 후에, 대학교를 떠나 대부분의 시간을 체스에 바쳤습니다. 그 2년 동안에는 주로 여름에 맨해튼 체스클럽에서 가장 강력한 선수들과 많은 진지한 게임들을 벌였습니다. 그리고 한 게임도 지지 않고 한 명씩 그들을 쓰러뜨리면서 우위를 확실하게 다졌습니다. 그 기간 동안 제가 쓴 노트와 함께 다음 게임들을 얻었습니다.

3. 킹스 갬빗 *King's Gambit*

(1906년 9월 24일)

백: 로버트 라우비체크Robert Raubitscheck

흑: J. R. 카파블랑카

1	e4	e5
2	f4	exf4
3	Nf3	g5
4	Bc4	Bg7
5	h4	h6
6	d4	Nc6
7	c3	d6
8	0-0	Qe7
9	Qb3	Nd8
10	hxg5	

이렇게 둠으로써 백은 폰을 얻지만, 흑이 엄청난 공격을 퍼부을 수 있게 만듭니다.

10	...	hxg5
11	Qb5+	Bd7
12	Qxg5	Bf6
13	Qxf4	Ne6

14 Bxe6 Bxe6

15 e5 dxe5

16 Nxe5

16 dxe5가 더 나았습니다.

16 ... 0-0-0

17 Na3 Rh4

18 Qg3 Bxe5

19 Qxe5 Rd5

20 Qg7 Rg4

21 Qh7 Nf6!

22 Qh8+ Rd8!

23 Qxf6 Rdg8

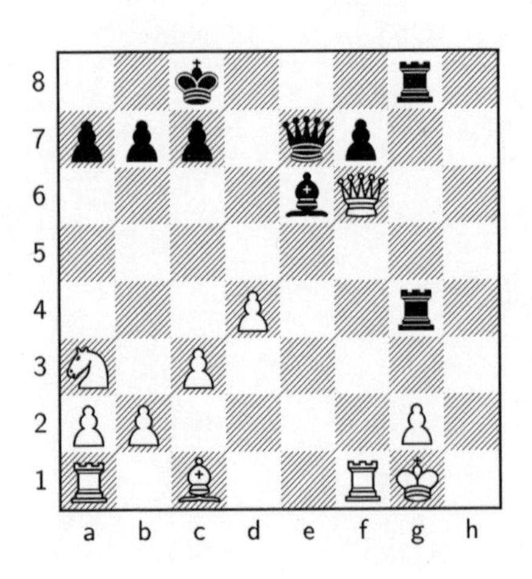

24 Rf2

만약 백이 24 Qxe7을 뒀다면 24...Rxg2+ 25 Kh1 Bd5, 그리고 몇 수 뒤에 메이트를 당합니다.

24	...	Rxg2+
25	Kf1	Bc4+
26	Nxc4	Rg1#
	0-1	

4. 루이 로페즈 *Ruy Lopez*

(1906년 9월 25일)

백: J. R. 카파블랑카		흑: 로버트 라우비체크
1	e4	e5
2	Nf3	Nc6
3	Bb5	Nf6
4	0-0	Nxe4
5	d4	d5
6	Nxe5	Bd7
7	Nxd7	Qxd7
8	Nc3	f5
9	Nxe4	fxe4
10	c4	

만약 10 Qh5+라면 10...g6 11 Bxc6 gxh5 12 Bxd7+ Kxd7 13 f3 Bg7 14 c3 Rae8, 그리고 거의 동등해집니다. 또는 10 Bxc6라면 10...bxc6 11 Qh5+ Qf7 12 Qxf7+ Kxf7 13 f3 exf3 14 Rxf3+ Ke6 15 Bg5 c5 16 Re1+ Kd7 17 Rf7+ Kc6, 그리고 백은 살짝 우세하게 됩니다.

10	...	0-0-0
11	Bg5	Be7

12	Bxe7	

12 cxd5 Bxg5 13 dxc6 Qxd4가 되면 거의 동등해집니다.

12	...	Qxe7
13	Bxc6	bxc6
14	c5	Qf6
15	Qa4	Kb8
16	Rac1	Ka8
17	b4	Rb8
18	a3	Rhe8
19	Qa6	Re6
20	a4	

백은 공격을 시작하기 위해 폰을 제물로 바칩니다.

20	...	Qxd4

만약 20...Rxb4면 백은 21 Rb1으로 이깁니다.

21	b5	Qf6
22	Rc2	cxb5
23	c6	b4
24	Rc5	Qd4

25	Rb5	Ree8
26	Rb7	Qc5
27	h3	d4
28	Kh2	d3

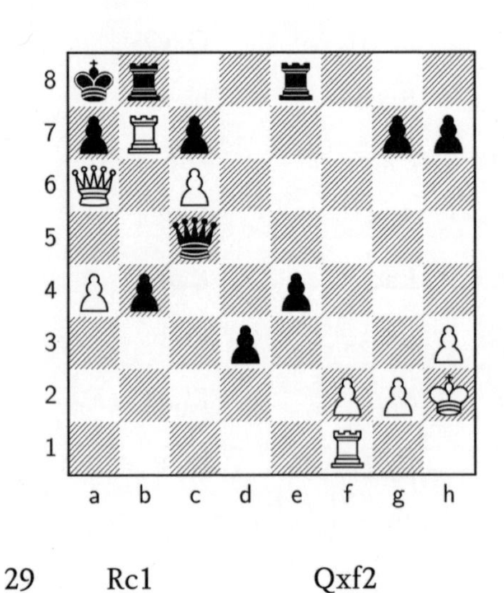

29	Rc1	Qxf2

흑의 유일한 기회는 다음과 같이 두는 것이었습니다. 29...Qd4 30 Rc4 Qb6 31 Rxb6 Rxb6 32 Rxe4(최선) Rxe4 33 Qc8+ Rb8 34 Qxc7이면 어려운 게임이 되었을 것입니다.

30	Rf1	Qd4
31	Rf5	e3

3수째에 백이 메이트 합니다.

5. 루이 로페즈 *Ruy Lopez*

(1906년 11월 10일)

백: A. W. 폭스Fox		흑: J. R. 카파블랑카
1	e4	e5
2	Nf3	Nc6
3	Bb5	Nf6
4	0-0	Be7
5	Re1	d6
6	d4	exd4
7	Nxd4	Bd7
8	Nc3	0-0
9	Nde2	Re8
10	Ng3	Ne5
11	Bxd7	Qxd7
12	f4	Ng6
13	Nf5	Bf8
14	Qd3	Rad8

만약 14...Nxe4면 15 Rxe4 Qxf5 16 Rxe8 Qxd3 17 Rxf8+에 이어서 cxd3로 백이 기물에서 앞서게 됩니다.

15	Bd2	d5

좋은 콤비네이션의 시작입니다. 16 exd5를 두면 16...Rxe1+ 17 Rxe1 Nxf4로 백은 폰을 잃어야만 하는 상황으로 보이게 됩니다.

16	e5	Bc5+
17	Kh1	Ng4
18	Nd1	f6!

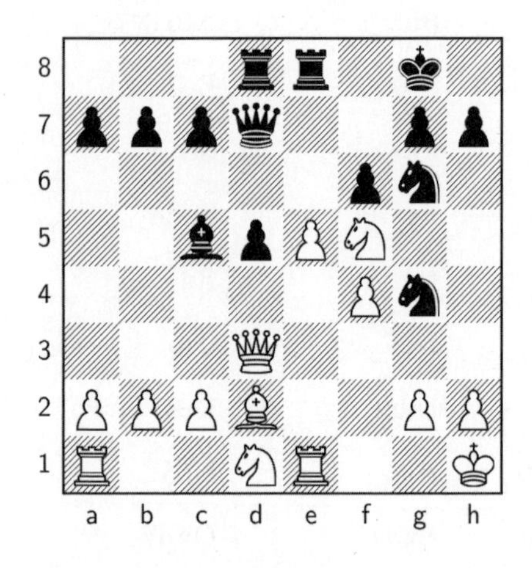

18...f6는 콤비네이션으로서 최고의 수입니다. 만약 19 exf6 Nxf4면 흑의 승리입니다. 왜냐하면 20 Ne7+ Rxe7 21 fxe7 Nxd3 22 exd8Q Qxd8 23 cxd3 Qh4 24 h3 Qg3, 그리고 몇 수 안에 흑이 메이트를 걸게 됩니다. 그리고 만약 20 Ne7+ 대신 20 Rxe8를 두면 20...Rxe8 21 Qc3 Qxf5 22 Qxc5 Ne2로 흑이 승리합니다.

19	h3	Nf2+

20	Nxf2	Bxf2
21	Re2	fxe5
22	Rxf2	e4
23	Nh6+	gxh6
24	Qd4	Qg7
25	Qxa7	

안 좋은 수입니다. 백은 25 Bc3를 둬야 싸울 기회를 얻었을 것입니다.

25	...	Qxb2
26	Re1	d4
27	f5	e3
28	Rfe2	Nf4
29	Bc1	Qb6
30	Qa4	Nxe2
31	Qc4+	Kh8
32	Rxe2	Qa6
33	Qd3	Qxd3
34	cxd3	c5
35	g4	c4
	백 기권	0-1

6. 루이 로페즈 *Ruy Lopez*

백: J. R. 카파블랑카

흑: 메서스Messrs·데이빗슨Davidson·퍼거슨 Ferguson

1	e4	e5
2	Nf3	Nc6
3	Bb5	Nf6
4	0-0	Be7
5	Re1	d6
6	c3	0-0
7	d3	a6
8	Ba4	b5
9	Bc2	Ne8
10	Nbd2	f5

곧 분명해질 것이지만, 10...f5는 보기보다는 좋지 않습니다.

11	Bb3+	Kh8
12	Bd5	Bd7
13	exf5	Rxf5

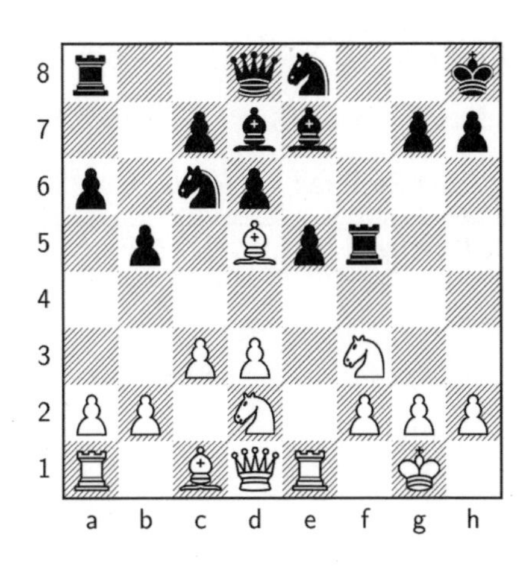

14	d4

이 수는 전황의 열쇠입니다. 만약 지금 14...exd4 15 Bxc6 Bxc6 16 Nxd4 Rc5 17 Ne6면 백이 교환에서 이깁니다. 또는 14...Bf6를 두면 15 Be4 Rf4(만약 ...Rh5면 Nxe5로 응수) 16 Nf1 Rg4 17 h3가 됩니다. 따라서 다음 흑의 응수는 최선으로 보입니다.

14	...	Nf6
15	Bxc6	Bxc6
16	dxe5	Bxf3
17	Nxf3	dxe5
18	Qc2	e4
19	Ng5	Qe8

흑으로선 19...Qd5가 나아 보입니다. 그러면 다음과 같이 전개됩니다. 20 Nxe4 Re5 21 f3 Nxe4 22 fxe4 Bc5+ 23 Kh1 Rae8 24 Bf4 Rxe4 25 Rxe4 Qxe4 26 Qxe4 Rxe4 27 Bxc7 Re2 28 b4 Be7 29 Bg3.

20	Nxe4	Bc5
21	Bf4!	

백에게 21 Bf4는 이기는 수이자, 우위를 유지할 수 있는 유일한 길이기도 합니다.

21	...	Nxe4
22	Rxe4	Qf7
23	Be3	Bd6
24	a4	Rh5
25	g3	Qg6
26	axb5	Rxb5
27	Raa4	h6
28	Qc1	Kh7
29	Rh4	h5
30	Qd1	Kg8
31	c4	Rf5
32	Qd3	

32 Qd3는 흑이 ...c5를 둔다고 위협하기 때문입니다.

32	...	c5
33	Ra5	Qf6
34	b4	Qf8
35	bxc5	Be7

만약 35...Bxc5면 36 Rf4 Rxf4 37 Bxc5 Qe8 38 gxf4 Qe1+ 39 Kg2 Qxa5 40 Qd5+ Kh7 41 Qxh5+ Kg8 42 Qd5+ Kh7 43 Qe4+ Kh6(만약 ...g6를 두면 44 Qb7+ Kh6 45 Qxa8 Qxc5 46 Qh8로 백이 메이트 합니다) 44 f5 Qd8 45 Be7으로 백이 승리합니다.

36	Rf4	Rxf4
37	Bxf4	Rd8
38	Bd6	Bxd6
39	Qd5+	Qf7
40	cxd6	**기권**
	1-0	

이 시기를 끝내면서 경기 스타일을 돌아보면 모든 면에서 많은 발전이 있었습니다. 오프닝은 마스터 수준과 비슷해지기 시작했지만 마스터라면 일반적으로 해내야 할 수준보다는 훨씬 약

했습니다. 백의 전개법이라고 특징지을 수 있을, 단순하고 전진적이며 강력한 공격적 움직임 대신 강력한 적에 대항할 때는 수행할 수 없는 느린 움직임의 복잡한 계획이 너무 많았기 때문입니다.

미들게임은 엄청나게 발전했고, 콤비네이션은 더 확실하고 심오해졌으며, 포지션을 위한 운영이 전면에 흐릿하게 나타나기 시작했습니다. 엔딩은 이미 매우 잘 운용했으며, 그에 관한 사고는 미래에 잘 알려지게 될 높은 수준에 도달했습니다.

1908~1909년 겨울, 미국을 여행하기로 결심했습니다. 여행은 약 8주 동안 지속되었습니다. 그때 저는 다면기*의 모든 기록을 깼습니다. 뉴욕을 떠난 뒤 연속된 열 번의 회합에서는 깔끔한 기록을 남겼습니다. 미니애폴리스에서의 스물두 번의 경기들 중 한 경기를 지기 전까지는 168승을 거뒀습니다. 하지만 가장 만족스러웠던 것은 당시 서부체스협회Western Chess Association 챔피언이었던 E. F. 엘리엇Elliott 씨를 포함해 미네소타주의 최강자들을 꺾은 것이었습니다. 경기 속도 면에서 봤을 때, 사례를 하나 들자면 호보켄Hoboken에서 1시간 40분 동안 스물여덟 번의 경기를 치렀지만 무승부를 거부한 한 경기에서만 졌습니다.

1909년 3월 뉴욕으로 돌아왔을 때 저의 막강한 실력은 확실했고, 지금까지의 경력에서 가장 훌륭한 업적을 이룰 준비가 되어 있었습니다.

* 한 사람이 여러 사람과 동시에 승부하는 게임 방식.

4장
마셜과의 대전

대전이 이뤄지는 데는 아무런 어려움이 없었습니다. 마셜은 자신의 승리를 당연시하는 이와 같은 경우에는 기꺼이 출전하는 경향이 있었습니다. 그가 얼마나 틀렸는지는 결과로 증명되었습니다. 저는 열네 번의 무승부를 이루며 그를 8대 1로 이겼습니다. 그 어떤 선수도 그런 위업을 이룬 적이 없다고 말할 수 있습니다. 왜냐하면 저는 마스터, 그것도 전 세계에서 열 손가락 안에 꼽히는 마스터와 처음 만난 것이기 때문입니다. 가장 놀라운 특징은 제가 오프닝을 연구하기 위해 책을 열어본 적이 없다는 점입니다. 사실, 마셜이 데니시 갬빗, 비엔나 오프닝 같은 것들을 뒀다면 결과는 달랐으리라 봅니다. 그러면 저는 지금과 같은 결과를 얻는데 더 많은 어려움을 겪어야 했을 것입니다. 저는 c4 수비에 대한 라스커의 루이 로페즈 분석만 찾아봤는데, 그 분석은 틀렸습니다. 흑에게 가장 강력한 연속성을 주지 못했기 때문입니다. 이것이, 그리고 경험이나 풍문을 통해 알고 있던 것이, 이 대전을 위한 제 지식의 전부였습니다. 승리는 저로 하여금 최고 수준의 마스터들 중 한 명으로 단번에 올려놓았습니다. 경기 중 플레이는 제가 오프닝에서 약하고 포지션의 단순한 운영에서 강하다는 것을 보여 주었습니다. 제가 가진 큰 강점은 엔드게임이었고, 미들게임의 콤비네이션에서도 뛰어났습니다. 주어진 포지션의 승패에 대해선 훌륭한 판단을 내렸고, 대결 과정에서 반복적으로 보여 주었던 것처럼 마셜의 맹공을 물리치는

데 있어서 소수의 선수들만이 할 수 있는 어려운 포지션의 방어를 할 수 있었습니다. 제 스타일은 아직 확실하거나 완전하지는 않았지만, 넓은 범주를 가지고 있었습니다. 즉, 저는 방어할 수 있는 것만큼 공격할 수 있었고, 미들게임에서도 분명 가장 강하며 편안하게 운영하는 엔딩와 비근한 콤비네이션을 만들 수 있었습니다.

여기에 제가 오늘날에도 보는 주석이 있는 게임들을 가져와 봤습니다.

7. 퀸스 갬빗 거절*Queen's Gambit Declined*

(The Fifth Game of the Match.)

백: F. J. 마셜Marshall　　흑: J. R. 카파블랑카

1	d4	d5
2	c4	e6
3	Nc3	Nf6
4	Bg5	Be7
5	e3	Ne4

오늘날처럼 제가 더 많은 경험과 지식에 따라 이론을 발전시켰을 때, 5...Ne4를 둘 가능성은 크지 않지만 이때의 저는 달랐습니다. 무엇을 해야 할지 몰랐습니다. 그래서 누군가가 저에게 라스커가 마셜과의 경기에서 이 수를 성공적으로 수행했다고 말했을 때, 그것을 채택하기로 결정했습니다. 시합이 끝나기 전에 저는 다른 것을 배웠고, 수비를 바꾸었습니다.

6	Bxe7	Qxe7
7	Bd3	

마셜이 이 게임에서 채택한 연속수는, 제 의견으로는 부족합니다. 저는 그가 21번째 경기에서 이 변형을 가장 잘했다고 생각합니다. 여기서는 어쨌든 나이트들이 교환된 뒤 Qb3로 이어

지는 7 cxd5가 낫다고 봅니다.

7	...	Nxc3
8	bxc3	Nd7

흑으로선 여기서 바로 8...dxc4를 두는 게 낫습니다.

9	Nf3	0-0
10	Qc2	h6
11	0-0	

백에게는 아직 올바른 연속수인 cxd5를 둘 수 있는 시간이 있었습니다.

11	...	c5

이는 흑 킹에 대한 퀸사이드에서의 백의 공격에 대항하여 균형을 잡겠다는 생각입니다.

12	Rfe1	dxc4
13	Bxc4	b6
14	Qe4	

공격이 너무 느려서 이점을 얻을 수 없기 때문에, 그리고 다

른 한편으로는 흑으로 하여금 흑 자신이 원하는 곳에 기물을 배치하도록 강요하기에 저는 백의 이 기동을 긍정적으로 생각하지 않습니다. 즉 흑은 d7에 비숍, f3에 나이트, 그리고 c8와 d8에 두 룩들이 각각 오픈 라인을 유지하며 룩들과 함께 적의 중심을 동시에 공격할 준비를 갖추게 됩니다.

14	...	Rb8
15	Bd3	Nf6
16	Qf4	

만약 16 Qh4를 뒀다면 ...Nd5로 충분했을 것입니다.

16	...	Bb7
17	e4	Rfd8
18	Rad1	Rbc8

흑은 포지션에 약점이 없고, 퀸사이드도 백보다 훨씬 강하기 때문에 이제 우세한 경기를 하게 됐습니다. 게다가, 흑의 기물들은 백의 기물들보다 전략적 위치가 우수합니다.

19	Re3	

흑이 금세 증명하듯이 이 수는 좋지 않습니다. Bb1이 옳은 조치였습니다.

19 ... cxd4

20 cxd4 Rc3

21 Bb1

실책입니다. 21 Qh4가 백이 게임을 유지할 수 있는 유일한 기회였습니다.

21 ... g5

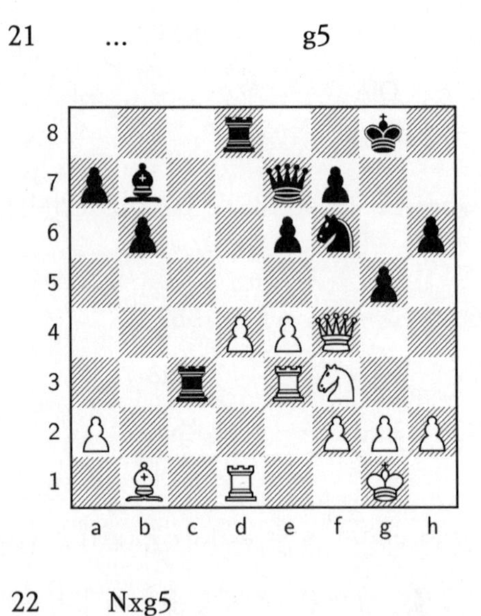

22 Nxg5

22 Qg3는 폰을 잃었을 수 있습니다. 반면 백은 나이트를 희생시킴으로써 얻을 공격의 가능성을 봤으며, 결과적으로 흑이 실수할 가능성이 적은 상태이기에 패배할 수 있다는 생각이 드는 다른 가능성에 우선하여 이 연속수를 채택합니다.

22	...	Rxe3
23	Qxe3	Ng4

흑에게 23...hxg5는 복잡한 문제들을 피할 수 있게 하지만 백에게 흑 나이트에 상응하는 두 개의 폰을 남기게끔 만들었을 것입니다.

24	Qg3	Qxg5
25	h4	

백이 바로 25 Qc7을 뒀다면 흑은 25...Rc8 26 Qxd7 Rc1 27 Qb8+ Kg7 28 Rf1 Qd2로 완전하게 승리했을 것입니다.

25	...	Qg7
26	Qc7	

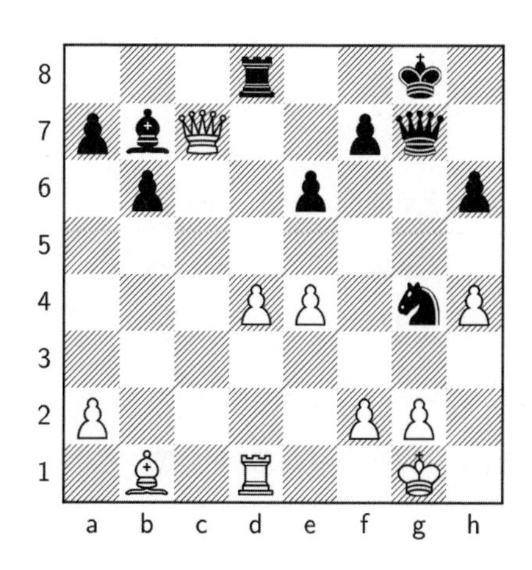

26	...	Rxd4

최선은 아니지만, ...Qf6가 올바른 조치였습니다. 덧붙여서 그 수는 제가 게임에서 이기기 위해 해야 했던 많은 수고를 덜어줄 수 있었을 것입니다. 여기서 저는 때때로 분석가들이 쓴 빈약한 주석에 대한 주의를 환기시키고자 합니다. 간혹 게임에 대한 지식이 충분하지 않은, 알려지지 않은 선수가 주석을 달기도 합니다. 사실 위대한 마스터들의 경기는, 적어도 극소수의 선수들만이 제대로 주석을 달 수 있습니다. 물론 최고일지라도 실수로부터 자유롭지는 않습니다. 하지만 그들이 실수를 최소화하는 동안 다른 사람들 사이에서는 계속해서 실수가 저질러지기 마련입니다.

저는 이 포지션에서의 운영의 우수함으로 사람들로부터 많은 칭찬을 받았지만, 실제로는 더 잘할 수 있었습니다. 그들은 여기서 텍스트 무브보다 나은 ...Qf6를 보지 못했습니다.

27	Qb8+	Kh7
28	e5+	Be4
29	Rxd4	Bxb1
30	Qxa7	Nxe5
31	Rf4	Be4

백은 31...Be4를 허용하지 말았어야 했습니다.

32	g3	Nf3+

흑의 매우 형편없는 수, 바로 ...f5를 두는 게 옳은 길이었습니다. 텍스트 무브 후 흑은 이기기 어려운 게임을 하게 됩니다.

33	Kg2	f5
34	Qxb6	Nxh4+
35	Kh2	

만약 백이 35 Kh3를 뒀다면 흑은 ...Qa1으로 단번에 이길 수 있습니다.

35	...	Nf3+
36	Rxf3	

백으로선 강제였습니다. 그대로 두면 흑은 ...Qa1으로 이어지는 ...Ng5+로 위협했습니다.

36	...	Bxf3
37	Qxe6	Be4
38	f3	Bd3
39	Qd5	Qb2+
40	Kg1	Bb1

제가 잘했다고 말할 수 있는 부분은 지금부터입니다. 이 엔딩은 연구할 가치가 있습니다.

41	a4	Qa1
42	Qb7+	Kg6
43	Qb6+	Kh5
44	Kh2	Ba2
45	Qb5	Kg6
46	a5	Qd4
47	Qc6+	Qf6
48	Qe8+	Qf7
49	Qa4	Qe6
50	a6	Qe2+
51	Kh3	Bd5
52	a7	Bxf3
	백 기권	0-1

8. 루이 로페즈 *Ruy Lopez*
(대전의 여섯 번째 경기)

백: J. R. **카파블랑카** **흑**: F. J. **마셜**

1	e4	e5
2	Nf3	Nc6
3	Bb5	d6
4	c3	

4 c3는 게임의 현실적인 이론과 일치하지 않지만, 이미 말했듯이 이 당시 저에게 그러한 지식은 전혀 중요하지 않았습니다. 일반적으로 봤을 때 4 d4가 적절한 연속수로 인정됩니다.

4	...	Bg4

저는 이 수를 좋아하지 않습니다. 왜냐하면 나중에 이 비숍은 백의 h3에 의해 명백한 시간적 이득을 넘겨 주며 후퇴하게 되기 때문입니다. ...f5가 좋아 보이고 흥미로운 복잡한 문제들로 이어집니다.

5	d3	Be7
6	Nbd2	Nf6
7	0-0	0-0

8	Re1	h6

흑이 의도한 기동은 너무 느려서 좋을 수가 없습니다. 이렇게 낭비하기에는 시간이 너무 소중합니다. 반면 수를 보유한 백에게는 흑의 매우 정확한 운영으로만 견제가 가능하다는 이점이 있습니다.

9	Nf1	Nh7
10	Ne3	Bh5

만약 10...f5면 11 exf5 Bxf5 12 Nxf5 Rxf5 13 d4, 그리고 백이 우월하게 됩니다. 왜냐하면 흑으로선 13...exd4를 두면 14 Bxc6 후 Nxd4로 적어도 폰 하나를 잃으며, 13...exd4 대신에 ...Bf6를 두면 14 Bd3로 교환에서 이기기 때문입니다.

11	g4	Bg6
12	Nf5	h5

안 좋습니다. 왜냐하면 흑은 룩의 오픈 파일에서 이점을 얻을 수 없는 반면 백은 그것을 자신의 룩을 위해 사용할 수 있기 때문입니다. 포지션을 단순화하기 위해서는 12...Ng5가 더 좋았을 것입니다.

13	h3	hxg4

14	hxg4	Bg5

비록 게임을 구원하지 못할 가능성이 있지만 저라면 14...Ng5를 선호했을 것입니다.

15	Nxg5	Nxg5
16	Kg2	d5
17	Qe2	Re8
18	Rh1	

이제 제가 앞선 설명에서 말한 것이 분명해집니다.

18	...	Re6
19	Qe3	

19 Qe3는 매우 중요한 수입니다. 목적은 상대 퀸의 행동을 차단하는 동시에 백 퀸을 게임에 참여시키는 것입니다. 또한 흑에게 허약한 대각선을 만들어서, 백 비숍이 이에 대항할 수 있게 합니다.

19	...	f6
20	Ba4	Ne7
21	Bb3	c6
22	Qg3	a5

23	a4	Nf7
24	Be3	b6

24...b6는 백 비숍이 c5에 오는 것을 막기 위해서입니다. 그러나 이 수는 동시에 자신의 기물을 자유롭게 사용하기 위해 흑 기물들을 막으려는 백의 계획을 유리하게 만듭니다.

25	Rh4	Kf8
26	Rah1	Ng8

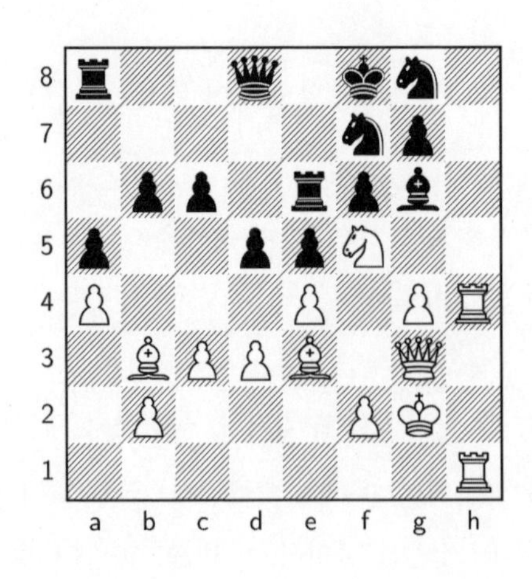

27	Qf3

27 Qf3는 흑이 나이트를 잡도록 강요하면서 백의 포지션을 더욱 강화합니다.

27	...	Bxf5

28	gxf5	Rd6
29	Qh5	Ra7
30	Qg6	Nfh6

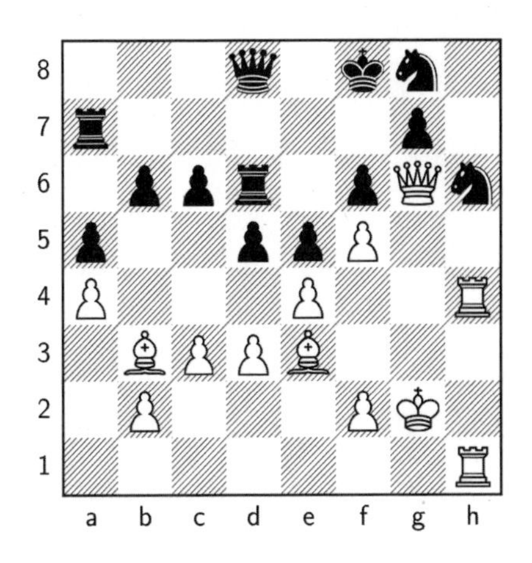

흑으로선 방어할 수 있는 방법이 없었습니다. 만약 30...Ne7을 뒀으면 31 Rh8+ Nxh8 32 Rxh8+ Ng8 33 Qh7 Kf7 34 Bxb6로 백이 승리합니다.

31	Rxh6	gxh6
32	Bxh6+	Ke7
33	Qh7+	Ke8
34	Qxg8+	Kd7
35	Qh7+	Qe7
36	Bf8	Qxh7
37	Rxh7+	Ke8
38	Rxa7	기권

1-0

백이 오프닝 외에서 자신의 운영을 지금보다 더 향상시킬 수 있는 부분을 찾기는 어려울 것입니다. 이것은 제가 한 최고의 게임 중 하나입니다. 제가 경기를 마친 다음 날 윌리엄 이워트 내피어William Ewart Napier*를 만났는데 그는 이 경기를 극찬했습니다.

* 마셜, 라스커 등과 대결했던 당대 최고의 미국 체스 선수들 중 한 명.

9. 퀸스 갬빗 거절 *Queen's Gambit Declined*

(대전의 열한 번째 경기)

백: F. J. 마셜		흑: J. R. 카파블랑카
1	d4	d5
2	c4	e6
3	Nc3	Nf6
4	Bg5	Be7
5	e3	Ne4
6	Bxe7	Qxe7
7	Bd3	Nxc3
8	bxc3	dxc4

흑에게 원래 그가 얻었을 것보다 더 자유로운 게임을 주는 8...dxc4는 백이 7번째 수에서 이전 게임들 중 일부에서와 같이 cxd5를 뒀으면 일어날 수 없었습니다.

9	Bxc4	b6
10	Qf3	c6
11	Ne2	Bb7
12	0-0	0-0
13	a4	

백 a파일 폰은 나중에 진격할 수 없어서 시간이 손실됩니다.

13	...	c5
14	Qg3	Nc6
15	Nf4	

15 Nf4는 킹사이드에 대한 공격을 시작하기 위해서입니다. 그러나 성공할 가능성은 매우 낮습니다. 목적을 달성하기 위해 동원된 기물의 수가 충분하지 않기 때문입니다.

15	...	Rac8
16	Ba2	

16 Ba2의 궁극적인 결과는 백 a파일 폰의 상실입니다.

16	...	Rfd8
17	Rfe1	Na5
18	Rad1	Bc6
19	Qg4	

백이 Nxe6를 두겠다고 위협합니다. 백이 19 d5를 뒀으면 흑은 다음과 같이 안전하게 응수할 수 있습니다. 19...Bxa4 20 dxe6 Bxd1 21 exf7+ Kh8, 그리고 백은 잃어버린 기물을 되찾을 방법을 발견하기 어렵게 됩니다.

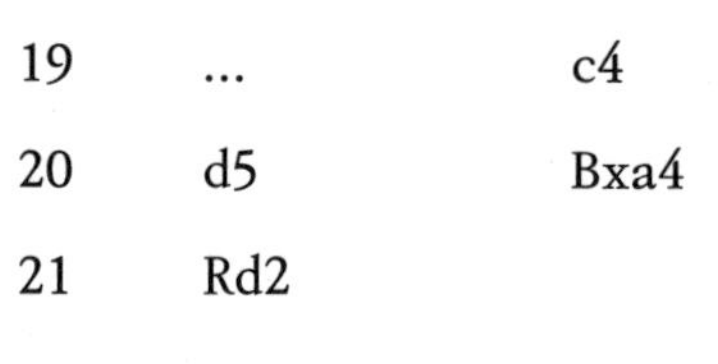

19 ... c4

20 d5 Bxa4

21 Rd2

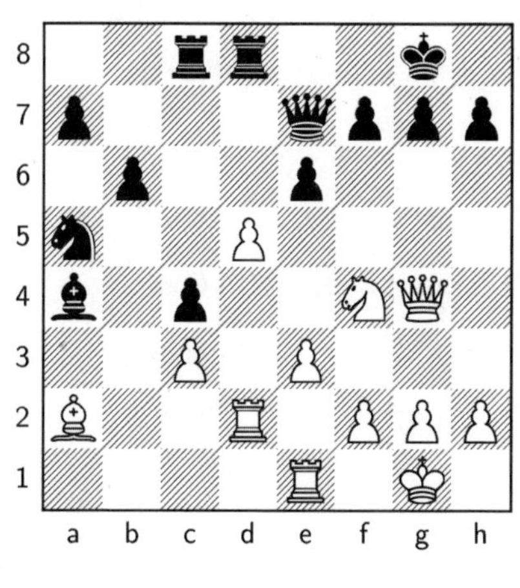

21 ... e5

나중에 알게 되겠지만 흑이 채택한 연속수는 만족스럽지 않습니다. 그러나 상황이 상황인지라 계속하기 위한 적절한 방법을 제시하기는 매우 어렵습니다. 아마도 단순한 ...exd5가 가장 좋을 것입니다.

22 Nh5 g6

23 d6

23 d6는 아주 좋은 수입니다. 지금부터 포지션은 제대로 다루기가 매우 어렵습니다.

23	…	Qe6
24	Qg5	Kh8

24…Rxd6는 안 됩니다. 왜냐하면 25 Rxd6 Qxd6 26 Qh6가 되어 백이 퀸으로 승리하기 때문입니다.

25	Nf6	Rxd6
26	Rxd6	Qxd6
27	Bb1	Nc6
28	Bf5	Rd8
29	h4	

백은 여기서 기회를 놓칩니다. 만약 그가 29 Bd7을 뒀다면 무승부로 만들 기회를 가졌을 것입니다. 그에 대한 흑의 가장 좋은 응답은 …Qf8였을 것입니다.

29	…	Ne7
30	Ne4	Qc7
31	Qf6+	Kg8
32	Be6	

32 Be6는 마셜이 스스로를 봉인하는 수였습니다. 좋지 않지만, 이보다 더 좋은 수도 없었습니다.

32	...	fxe6
33	Qxe6+	

흑이 32...Nd5를 뒀을 때 백의 대안은 Ng5였습니다.

33	...	Kf8
34	Ng5	Ng8
35	f4	Re8

잠시나마 백에게 희망을 주는 흑의 실수입니다. 35...Be8라면 한 번에 모든 문제를 회피했을 것입니다.

36 fxe5

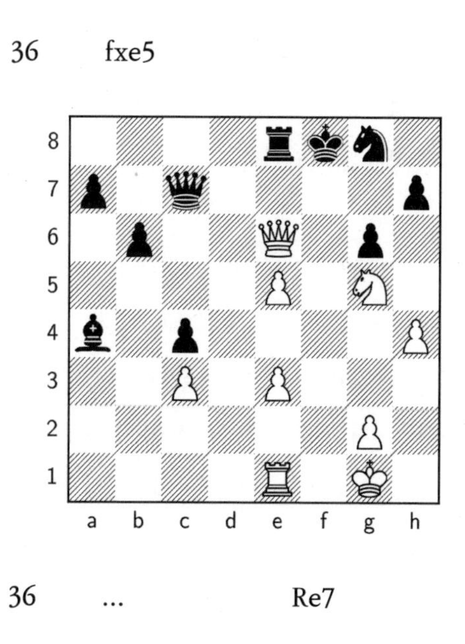

36 ... Re7

여기서 36...Re7은 흑이 할 수 있는 유일한 수입니다.

37	Rf1+	Kg7
38	h5	Be8

38...Be8는 완벽한 체크를 만드는 공격입니다.

39	h6+	Kh8

백의 Qg4 때문에 흑의 ...Kxh6는 안 됩니다.

40	Qd6	Qc5
41	Qd4	Rxe5

41...Qxe5가 나왔을 것입니다.

42	Qd7	

더 화려하지만, 42 Rf7만큼 안 좋습니다. 42 Rf7을 두면 다음과 같이 진행됩니다. 42...Nxh6 43 Rf8+ Ng8 44 Rf7 Nf6 45 Rxf6 Qxd4 46 exd4 Rxg5 47 Rf8+ Kg7 48 Rxe8 Rg3, 그리고 흑의 승리.

42	...	Re7

43	Rf7	Bxd7
	백 기권	0-1

이 경기는 매우 어려운 포지션을 방어하는 당시 저의 능력을 보여 주기에 가치가 있습니다.

10. 퀸스 갬빗 거절 *Queen's Gambit Declined*

(대전의 스물세 번째 경기이자 마지막 경기)

백: F. J. 마셜		흑: J. R. 카파블랑카
1	d4	d5
2	c4	e6
3	Nc3	c5

이 경기가 진행되기 전에 루빈스타인Akiba Rubinstein과 미제스Jacques Mieses가 일련의 경기들을 가졌는데, 친구들 중 몇몇이 그들에 대한 내 의견을 알고 싶어 했습니다. 저는 미제스의 9번째 수인 **Ne4**가 마음에 들었고, 그 경기를 보지 않았기를 바랐던 마셜과 경기를 하기로 결정됐습니다. 그런 경우였고, 저는 제가 했던 경기들 중 가장 정확한 경기 중 하나로 끝낼 수 있었습니다.

4	cxd5	exd5
5	Nf3	Nc6
6	g3	Be6
7	Bg2	Be7
8	0-0	Nf6
9	Bg5	

좋지 않습니다. 9 dxc5가 정확한 연속수입니다.

9 ... Ne4

자유로운 흑의 매우 좋은 응수입니다.

10 Bxe7 Qxe7
11 Ne5

물론 11 dxc5 Nc3면 흑이 우월한 게임이 되었을 것입니다.

11 ... Nxd4
12 Nxe4 dxe4
13 e3

자연스러운 수, 만약 13 Bxe4면 ...Bh3로 응수합니다.

13 ... Nf3+
14 Nxf3

14 Bxf3 exf3 15 Qa4+가 더 나았을 것입니다. 당시 저는 ...Bd7이 아니라 ...Kf8로 이 체크에 맞설 작정이었고, 그러면 게임이 단순해져서 승리할 수 있는 모든 기회를 빼앗길 수도 있었습니다.

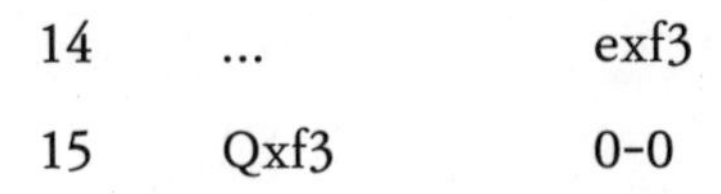

14	...	exf3
15	Qxf3	0-0

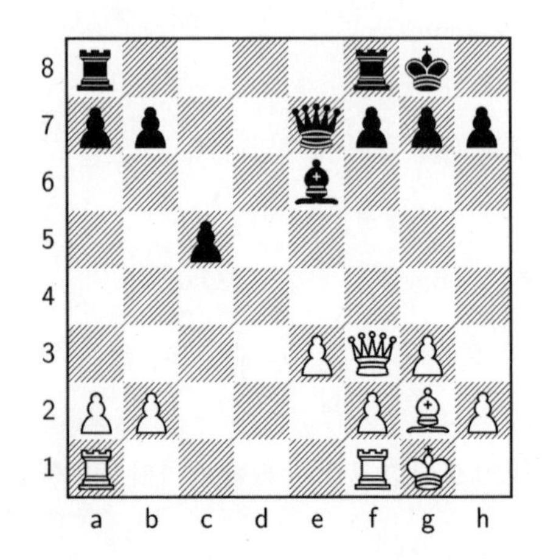

백은 16 Qxb7을 둘 수 없습니다. 흑이 16...Qxb7 17 Bxb7 Rb8에 이어서 ...Rxb2를 두면, 모든 라인을 쥐는 것에 더해서 승리할 수 있게끔 만드는 자유로운 폰을 갖기 때문에 흑이 더 나은 상황입니다.

16	Rfc1	

백은 즉시 킹사이드 폰을 진격시켜 퀸사이드에서의 흑의 진격을 상쇄해야 했습니다. 자신의 강한 측면에 대한 백의 비활동은 그가 경기에서 무승부를 할 수 있는 모든 기회를 앗아갔습니다.

16	...	Rab8
17	Qe4	Qc7

17...Qc7은 비숍들의 교환을 피하기 위해, 더해서 제 것이 상대보다 더 잘 배치되었으므로 둔 수입니다.

18	Rc3	b5
19	a3	c4
20	Bf3	Rfd8
21	Rd1	Rxd1
22	Bxd1	Rd8

이 경기에 대해 세계 챔피언인 엠마누엘 라스커 박사는 "흑이 이제 보드를 완전히 장악했다. 그의 운영은 작은 이점을 어떻게 활용해야 하는지를 보여 주는 사례다"라고 말했습니다. 더 나은 찬사는 필요 없습니다.

23	Bf3	g6
24	Qc6	Qe5

제 b파일 폰이 공격당해서 아직 퀸을 교환할 수 없었습니다.

25	Qe4	Qxe4
26	Bxe4	Rd1+

매우 중요한 시점입니다. 흑은 Kf1과 기타 등등으로 이어지는 Bc2에 의한 백 킹의 접근을 막아야 합니다.

27	Kg2	a5
28	Rc2	b4
29	axb4	axb4
30	Bf3	Rb1
31	Be2	b3

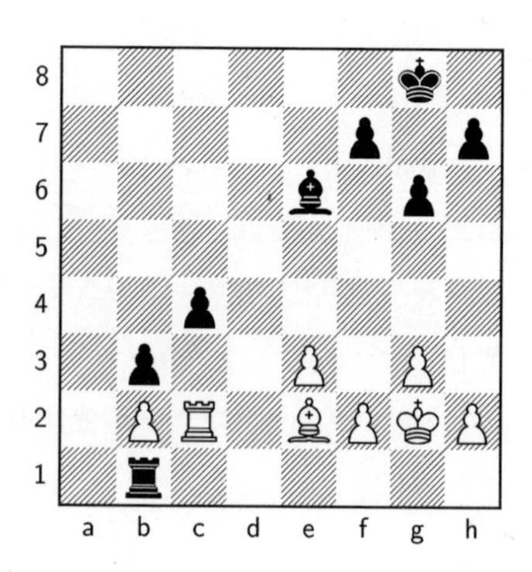

32 Rd2

물론 32 Rc3면 흑이 32...Rxb2 33 Bxc4 Rc7으로 기물을 잡고 승리하게 됩니다.

32	...	Rc1
33	Bd1	c3
34	bxc3	b2
35	Rxb2	Rxd1
36	Rc2	Bf5

37	Rb2	Rc1
38	Rb3	Be4+
39	Kh3	Rc2
40	f4	h5

흑은 ...Rxh2+와 ...Kg7이 이어지는 ...Bf5+를 두겠다고 위협하고 있습니다. 이에 대한 백의 유일한 수비 방법은 폰을 잃어야 하기 때문에 그의 게임은 절망적으로 변합니다. 그는 이 시점에서 기권할 수도 있었습니다. 나머지는 더 이상의 언급이 필요하지 않습니다.

41	g4	hxg4+
42	Kxg4	Rxh2
43	Rb4	f5+
44	Kg3	Re2
45	Rc4	Rxe3+
46	Kh4	Kg7
47	Rc7+	Kf6
48	Rd7	Bg2
49	Rd6+	Kg2
	백 기권	0-1

경기가 끝난 직후 집으로 돌아왔습니다. 저는 5년 동안 집을 비웠고 모국어인 스페인어를 거의 잊어 버렸습니다. 같은 해 1909~1910년 초 겨울 동안 두 번째 미국 투어를 가졌습니다. 1910년 여름에는 함부르크에서 열리는 국제 토너먼트 참가를 초청받았습니다. 저는 초청을 수락했습니다. 그리고 하필 몸 상태가 그렇게 힘든 대회에 참가하려 하는 여정을 방해했을 때 토너먼트가 시작할 준비가 되었습니다. 당시 제가 마지막에 이르러 기권한 것에 대해 많은 코멘트가 나왔는데, 몇몇 마스터들은 토너먼트의 강력한 진입 요건에 그저 겁을 먹었을 뿐이라는 바보 같은 말을 했습니다. 이미 말했듯이, 진짜 이유는 제 몸이 그런 부담을 견딜 수 있는 상태가 아니었다는 것입니다. 저는 두렵지 않았고, 두려워 할 이유가 없음을 곧 모든 사람들이 만족할 수 있도록 증명했습니다. 다음 해에 저는 지금까지 열린 가장 막강한 토너먼트에서 1위를 차지했습니다. 바로 첫 산세바스티안 토너먼트였습니다.

더 나아가기 전에, 마셜에 대한 저의 놀라운 승리가 분별력을 손상시키지 않았음을 증명하는 사건을 들려드리고자 합니다. 경기가 끝난 후 얼마 지나지 않아 새로운 팬들 중 몇 명이 세계 챔피언십을 위해 라스커 박사와 시합을 주선하는 것에 대해 이야기했습니다. 저는 그들에게 그가 저보다 훨씬 더 나은 선수라는 단순한 이유 때문에 고려하지 않겠다고 말했습니다. 그런 생각을 하기 전에 저 자신이 더 많이 개선되어야 한다고 판단했습니다.

1910~1911년 초 겨울, 또 다른 미국 투어를 진행했습니다.

그리고 뉴욕에서 토너먼트가 마련되었는데, 곧 있을 산세바스티안에서의 토너먼트를 위해 연습할 생각으로 참가하였습니다. 뉴욕 토너먼트는 1월에 시작되었습니다. 여정의 마지막 도시인 인디애나폴리스에서 뉴욕까지 27시간 동안 기차를 탔습니다. 아침 9시에 도착해서 같은 날 11시에 경기를 시작했고, 그 후 매일 경기해야 했습니다. 너무 피곤해서 토너먼트 1부 내내 형편없었습니다. 비록 진정한 경쟁자는 마셜뿐이었지만, 토너먼트의 절반이 끝났을 때에도 저는 여전히 5위였습니다. 그때부터 드디어 앞선 경기들보다 더 잘하기 시작했고, 5연승을 하면서 마셜에 이어 2위를 차지했습니다. 며칠 후 유럽으로 출발했습니다. 그곳에서 저는 1895년 헤이스팅스에서의 필스베리의 업적을 넘어서게 될 예정이었습니다.

5장
진화기,
1911년 산세바스티안 토너먼트

이번 토너먼트의 여건은 제가 겪어본 것들 중 가장 좋았습니다. 참여 선수는 이전의 1급 국제 토너먼트에서 3등상을 두 번 이상 수상한 선수들로 제한되었습니다. 저는 마셜을 이겼기 때문에 예외였습니다. 이 조항이 알려지기 전에 몇몇 마스터들은 제 입국을 반대했습니다. 그들 중 한 명은 번스타인Ossip Samoilovich Bernstein 박사였습니다. 저는 운 좋게도 첫 라운드에서 그와 붙었고, 토너먼트에서 가장 탁월한 게임에 수여되는 로스차일드상을 획득하면서 그를 이겼습니다. 이 경기 전에 가장 강한 마스터들 중 한 명은 저를 그들이 쓰는 속임수의 손쉬운 희생자로 보았습니다. 그러나 이 경기 후에, 제가 받은 느낌은 다른 어떤 것보다 경외감에 더 가까운 무언가로 바뀌었습니다. 적어도 제 실력에 대한 깊은 존중의 느낌은 나머지 대회 내내 남아 있었습니다.

토너먼트가 진행되는 동안, 꽤 흥미로운 사건들이 많이 일어났습니다. 아론 님조위치Aron Nimzowitsch는 토너먼트에서 번스타인과의 속기 게임lightning games 중 하나를 치르며 매우 오만해져서, 자신이 저와 다른 사람들보다 매우 우월하다고 생각하며 말했습니다. 자신들이야말로 명망 있는 마스터고 저는 그들과 아직 하나가 되지 못했으므로 자신들의 게임에 간섭하지 말라고요. 그의 무례한 발언의 결과는 내기가 걸린 일련의 게임들에서 제가 터무니없이 쉽게 이기고, 그가 이전에 했던 말들을 철회하면서 끝났습니다. 그리고 그보다 더 많은 게임들이 진행되었고, 모든 마스터들은 이런 류의 체스에서는 저를 상대할 수 없다는 사실에 동의했습니다.

토너먼트에 복귀하여, 저는 비드마르Milan Vidmar 박사와 함께 2위를 차지한 A. K. 루빈스타인에게 한 경기만 져서 1위를 했습니다. 아래에서 제가 이긴 최고의 경기들 중 몇 가지를 보여주겠습니다.

11. 루이 로페즈 *Ruy Lopez*

백: J. R. 카파블랑카 흑: O. S. 번스타인 박사

1	e4	e5
2	Nf3	Nc6
3	Bb5	Nf6
4	0-0	Be7
5	Nc3	d6
6	Bxc6+	bxc6
7	d4	exd4
8	Nxd4	Bd7
9	Bg5	0-0
10	Re1	h6
11	Bh4	Nh7
12	Bxe7	Qxe7
13	Qd3	Rab8
14	b3	Ng5

이 시점까지 게임은 마스터가 일반적으로 추천하는 노선을 따라 진행되었습니다. 그러나 마지막 수는 정규적인 코스에서 약간 벗어난 것으로, 정규적인 코스에서는 이 나이트가 퀸을 위한 대각선을 열어 두려고 f8로 돌아옵니다. 그럼으로써 게임의 방어적 성격에 더 부합하게 됩니다. 이보다 ...Nf8를 대부분의 마

스터들이 선호하는 수로 만드는 이유에 대해서는 훨씬 더 많은 내용을 말할 수 있겠지만, 이 책의 성격 상 이 주제에 대한 긴 논설이 정당화되지는 못할 것입니다. 물론 오해의 소지가 없도록 ...Nf8는 ...Rfe8와 연계하여 이루어진다는 점을 말씀드리겠습니다.

15	Rad1	

백의 15 f4는 비록 흑 나이트가 스스로 가고자 하는 곳인 e3로 이동하게 만들겠지만, 타라시Siegbert Tarrasch는 더 나은 수로 제안하였습니다.

15	...	Qe5
16	Qe3	Ne6
17	Nce2	Qa5

흑의 계획은 추가적인 전개를 위한 시간을 얻으려 백의 퀸사이드 폰들을 공격하는 것입니다. 동시에 백에게 그의 기물들 중 하나를 퀸사이드로 다시 가져오도록 강요합니다. 퀸사이드 폰을 약화시키지 못한다고 해도, 그는 그런 식으로 백이 기물의 탁월한 전략적 위치를 통해 중앙과 킹사이드에서 가질 수 있는 이점을 상쇄시키고자 합니다.

18	Nf5	

백은 앞서 설명에서 말한 대로 상대방의 디자인을 뒤엎기 위한 콤비네이션의 기초를 형성하기 시작합니다. 흑은 18...Qxa2를 할 수 없습니다. 19...Qa6나 ...Qa3를 강요하는 19 Qc3가 올 것이기 때문입니다. 다음은 19...Qa6를 두면 발생할 수 있는 많은 변형들 중 하나입니다. 20 Nf4 f6 21 Qg3 g5! 22 Ng6! Rf7! 23 Nxh6+ Kg7 24 Nxf7 Kxg6(만약 ...Kxf7이면 25 f4로 응수) 25 Nxd6 cxd6 26 Rxd6 Rb7 27 e5, 그리고 백이 이깁니다.

18	...	Nc5
19	Ned4	Kh7

백은 Nc6를 위협했습니다. 그리고 만약 흑이 ...Bxc6를 두면 백은 Ne7+를 걸고 Nxc6로 이을 수 있습니다. 반면 흑은 a파일 폰을 잡을 수 없습니다. 왜냐하면 20 Ra1 Qb2 21 Reb1으로 흑 퀸이 잡히기 때문입니다.

20	g4	Rbe8
21	f3	Ne6
22	Ne2	Qxa2

마침내 흑이 폰을 잡습니다. 저는 번스타인 박사와 대화를 했는데, 그는 여기서 무슨 일이 일어날지 전혀 몰랐다고 말할 수 있습니다. 그러나 관련된 콤비네이션은 매우 깊고 예측하기 어

렵기 때문에 그가 과도하게 비판받을 필요는 없습니다. 텍스트 무브 대신 22...Qb6가 문제를 단순화시켰겠지만, 어쨌든 백은 우월한 포지션을 차지했을 것입니다.

23 Neg3

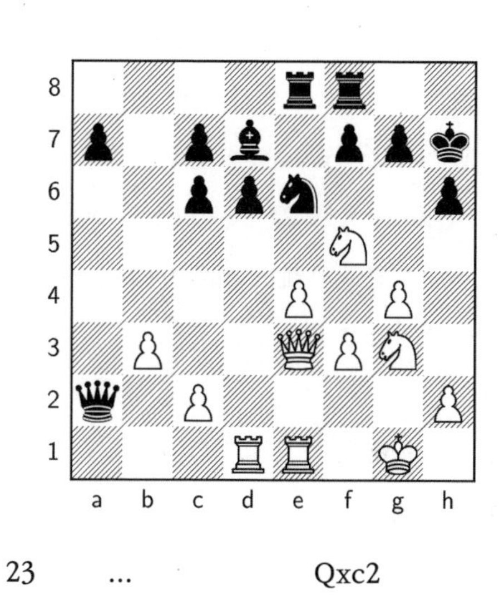

23 ... Qxc2

흑의 이번 두 번째 포획은 재난 그 자체지만, 앞서 말했듯이 그는 폭풍의 접근을 전혀 몰랐습니다. 여기서는 라스커의 지적에서처럼 백이 Nh5로 공격을 계속할 경우에 대비해 ...Rf7으로 이을 수 있는 ...f6를 둘 필요가 있었습니다.

24 Rc1 Qb2

25 Nh5

이 나이트의 진격이 가장 놀랍습니다. 지금 봐도 공격적이지 않아 보이지만, 이 나이트가 승부를 결정짓게 됩니다.

25	...	Rh8

더 나은 수가 없었습니다. 만약 25...g5면 26 e5 f6 27 Qd3, 그리고 백이 적절한 운영으로 이기게 될 것입니다. 저는 변형을 제공할 수가 없는데 그것들이 너무 길고 복잡하기 때문입니다. 25...g6면 26 Qxh6+ Kg8 27 e5 gxh5 28 gxh5, 그리고 백이 이깁니다. 왜냐하면 흑에게는 오픈 g파일에 백 룩들 중 하나의 진입을 멈출 방법이 없기 때문입니다.

26	Re2	Qe5
27	f4	Qb5
28	Nfxg7	

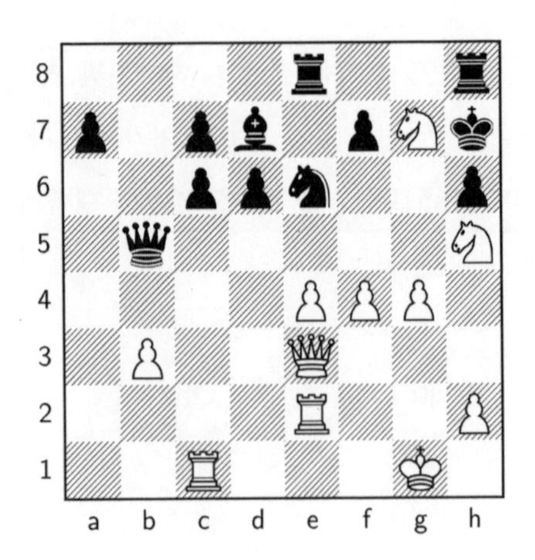

이제야 백 퀸사이드 나이트의 행보가 뚜렷이 드러납니다. 이 수는 22수에서 시작된 긴 콤비네이션의 전환점이기도 합니다.

28	...	Nc5

허약한 수입니다. 저는 ...Nxg7을 예상했고 다음과 같이 진행됐을 것입니다. 29 Nf6+ Kg6 30 Nxd7 f6(최선) 31 e5 Kf7 32 Nxf6 Re7 33 Ne4로 흑의 포지션은 방어할 수 없게 됩니다. 신중한 분석과 적절한 비교가 이뤄지면 전체적으로 봤을 때 이 콤비네이션이 지금까지 보드 위에서 이뤄진 것들 중 가장 길고 어려운 콤비네이션 중 하나라는 것을 보여줄 것입니다. 위원회가 저에게 로스차일드상을 수여하게 된 이유입니다.

29	Nxe8	Bxe8
30	Qc3	f6
31	Nxf6+	Kg6
32	Nh5	Rg8
33	f5+	Kg5

흑은 이런 게임을 더 진행하지 말고 기권해야 했습니다.

34	Qe3+	Kh4
35	Qg3+	Kg5
36	h4#	1-0

12. 퀸스 폰 오프닝 *Queen's Pawn Opening*

백: J. R. 카파블랑카　　　흑: D. 야노프스키Janowski

1	d4	d5
2	e3	Nf6
3	Nf3	c5
4	c4	e6
5	Nc3	Be7

5...Be7에는 저를 즐겁지 못하게 만드는 무언가가 있습니다. 이 비숍은 나중에 폰을 잡음으로써 '템포'*를 잃게 될 것입니다. 체스에서의 시간은 이렇게 낭비하기에는 너무 소중합니다.

6	dxc5	0-0
7	a3	

백으로선 바로 7 cxd5를 두는 게 더 나아 보입니다. 흑 입장에서는 그와 동일한 수를 두지 못하게 하고 사실상 게임을 균등하게 만들기 때문입니다.

7	...	Bxc5
8	b4	Be7

* 체스에서의 시간-수적인 단위.

9	Bb2	a5

9...a5는 ...dxc4와 ...Qxd1이 뒤따를 경우에만 실행되어야 합니다. 이는 흑이 생각해 낸 게 아니었기 때문에 결과적으로는 허약합니다.

10	b5	b6
11	cxd5	exd5

흑은 이제 고립된 폰을 가지게 됐고 그에 대한 보상은 없습니다. 이런 상황은 항상 피해야 합니다.

12	Nd4	Bd6

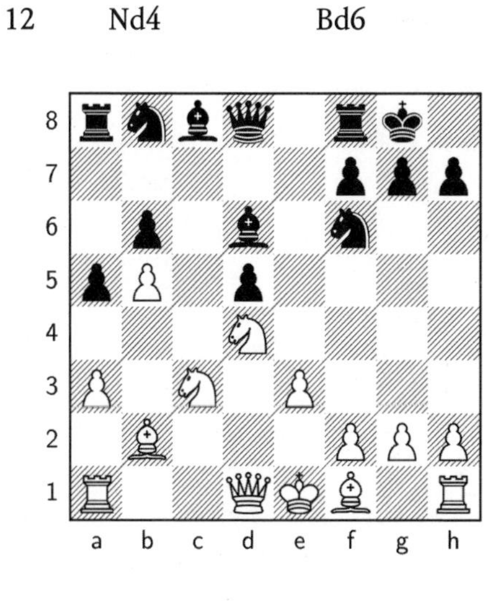

13	Be2

실수, 제 미래에 벌어진 대부분의 문제의 원인입니다. 당시 저는 f3가 적절한 연속수라고 생각했지만, 킹사이드에 폰들의 대형을 만들어 냈다는 비판이 두려웠습니다. 따라서 제 더 나은 판단에 반하여 이 나쁜 수를 선택하게 되었습니다.

제가 처음으로 큰 대회를 치렀다는 것을 기억해야 합니다. 형편없는 선수들이 자주 하는 일을 했다고 비판을 받고 싶지 않았습니다. 이 게임에서 저는 생애 처음으로 상대에게 완전히 패배할 수 있다고 느꼈습니다. 시간이 흘러 저의 23번째 수까지, 적의 응수를 생각해 냈지만 매번 제가 틀렸다는 것을 즉시 알 수 있었습니다. 그가 두는 다른 수가 제가 최선이라고 생각했던 수보다 우월했습니다. 저는 어드전Adjourment* 동안 분석한 몇몇 수들을 제외하고, 23번째 수 이후 마지막까지는 완벽하게 뒀습니다. 그것은 좋은 선수라면 종종 기물들의 이동에 대한 분석보다 체스보드에서의 가능성을 연구함으로써 더 많은 것을 볼 수 있다는 사실을 알려 줍니다.

13	...	Be6
14	Bf3	

나중에 저는 비숍을 e2로 돌려야 하는 자신을 발견하게 될 것이기 때문에, 여기서는 비숍을 있던 자리에 그대로 두고 단순하게 캐슬링을 하는 편이 더 나았을 것입니다.

* 과거에 체스 경기에서 경기가 너무 길어지면 선수들의 체력 안배와 더 좋은 수 개발을 위해 장시간 휴식을 취한 후 경기를 이어 가는 것을 의미한다.

14	...	Ra7
15	0-0	Rc7
16	Qb3	

흑이 빠르게 보여 주듯이, 16 Qb3는 나쁩니다. 아마 Rc1이 옳은 조치였을 것입니다.

16	...	Nbd7
17	Rfd1	

정밀한 분석 결과에서 알 수 있듯이, 저는 Nxd5나 Nc6 둘 다 둘 수 없었습니다. 어느 쪽이든 기물 하나는 잃었을 것입니다.

17	...	Ne5
18	Be2	Qe7
19	Rac1	Rfc8
20	Na4	

20 Na4는 다가오는 콤비네이션을 허용하기 때문에 비판을 받아 왔습니다. 사실, 저는 이미 그게 다가오는 것을 보았지만, 또한 제 유일한 기회가 폭풍의 극복에 달렸다고 확신했습니다. 다른 방법으로는 패배를 확신했습니다. 그러므로 저는 다가오는 모든 것에 저항하며 흑의 맹렬한 공격에 대한 방어를 수행했는데, 어쨌든 그것이 저의 유일한 기회였습니다.

20 ... Rxc1

21 Rxc1 Rxc1+

22 Bxc1 Ne4

23 Bb2

백으로선 아마도 23 f3나 23 Nxe6 후 f3가 게임을 유지했을 것이지만, 무얼 하든 흑이 유리했습니다.

23 ... Nc4

24 Bxc4

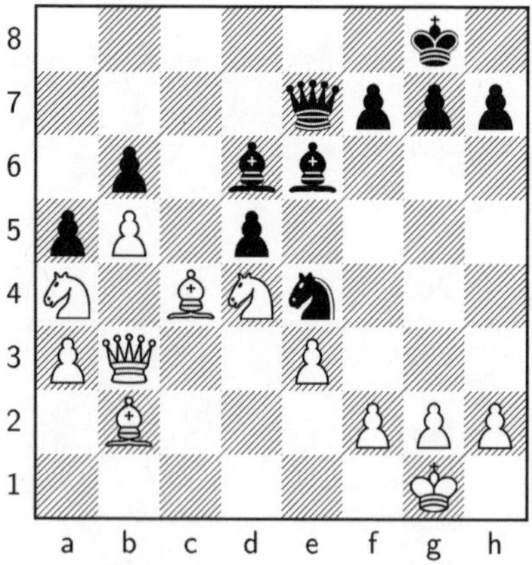

24 ... Bxh2+

이 희생은 흑이 최소한 무한 체크로 무승부를 이끌어낼 수 있는 만큼 훌륭합니다. ...dxc4는 좋지 않았을 것입니다. 그러면 백은 Qc2를 둠으로써 최소한 동등한 게임을 할 것이기 때문입니다.

25	Kxh2	Qh4+
26	Kg1	Qxf2+
27	Kh2	Qg3+
28	Kg1	

만약 28 Kh1이면 28...Bh3 29 Bf1 Nf2+ 30 Kg1 Ng4로 흑이 승리합니다.

28	...	dxc4
29	Qc2	Qxe3+
30	Kh2	Qg3+
31	Kg1	Qe1+
32	Kh2	Qg3+
33	Kg1	Qe1+
34	Kh2	Nf6
35	Nxe6	Qh4+
36	Kg1	Qe1+
37	Kh2	Qh4+

여기서 반복된 수들은 단순히 시간을 벌기 위해서였습니다.

38	Kg1	Ng4

39	Qd2	

백에게 39 Qd2는 유일한 수입니다. 만약 Qc3면 흑이 두 수로 메이트 합니다.

39	...	Qh2+
40	Kf1	Qh1+
41	Ke2	Qxg2+
42	Kd1	Nf2+
43	Kc2	Qg6+
44	Kc1	Qg1+
45	Kc2	Qg6+
46	Kc1	Nd3+
47	Kb1	fxe6
48	Qc2	

48 Qc2는 실수입니다. 48 Ka2가 저에게 최소한 무승부를 줬을 것입니다. 덧붙여서, 그것은 앞선 설명에서 표현했듯 흑의 훌륭한 맹공을 막을 수 있는 가능성에 대한 제 판단이 옳았음을 보여 줍니다.

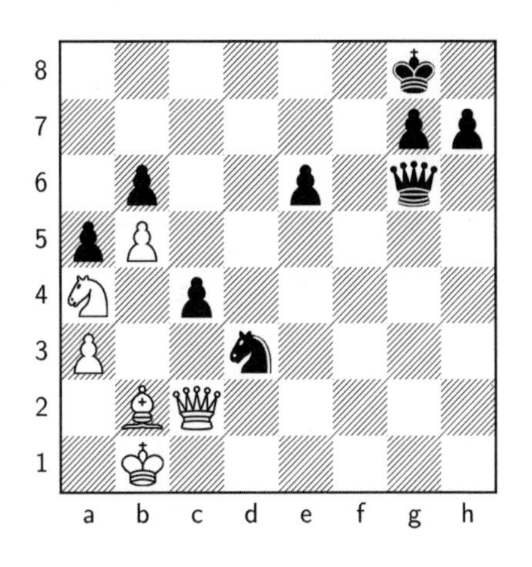

48	…	h5
49	Bd4	h4
50	Bxb6	h3
51	Bc7	e5
52	b6	

48수 이후 이 모든 것은 앞선 설명에서 언급한 어드전 중 분석의 결과입니다. 좋지 않았고, 흑이 예전과 같은 흠잡을 데 없는 방식으로 공격을 이어갔다면 이길 수 있었을 것입니다. 여기서 52 Qxc4+ Kf8 53 Bd6+ Qxd6 54 Qc8+ **흑 킹 이동** 55 Qxh3가 되면 백에게 무승부를 위한 더 나은 기회가 주어질 것입니다.

52	…	Qe4

비록 이것은 흑이 승리로 가는 유일한 수였지만, 저는 이 움직임을 제대로 고려하지 않았습니다. ...Qc6에 맞서 저는 Nc3를 가지고 있었고, 같은 방식으로 다른 어떤 수에도 방어할 수 있을 것이라고 믿습니다.

53 Bxe5

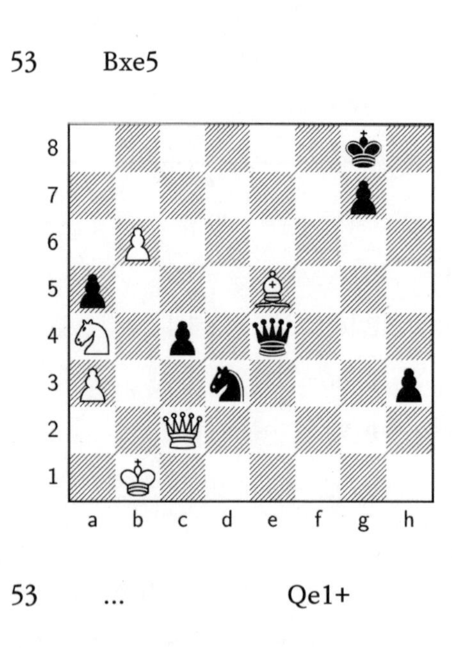

53 ... Qe1+

흑으로선 ...Qh1+가 정확하고 승리하는 수였습니다. 흑은 공격이 시작된 이후 처음으로 승리를 위한 최선의 움직임을 보이지 못했습니다. 그 오류는 이해할 수 없는 것이었다고 합니다. 그런데 사실 그것은 매우 간단히 설명할 수 있으며 매우 논리적이기도 합니다. 흑이 52...Qe4를 뒀을 때, 그는 제 나이트가 게임에 들어오는 것을 막기 위해 그렇게 했습니다. Nc3를 상대로 그는 ...h2를 둘 수 있었고, 폰을 상대하는 제 나이트를 폰으로 잡은 다음 아무 문제 없이 게임에서 승리할 수 있었습니다. 따라서 그에게 **52...Qe4**의 위력은 저의 폰의 더 이상의 진격을 막고, 또한 e1에서의 체크를 통해 저의 나이트가 구조하러 오는 것을 막는다는 사실에 있었습니다. 그러므로 53수의 체크는 그의 마음속을 파악하는 열쇠가 되었습니다. 결과적으로, 그는 **52...Qe4**의 가장 큰 위력이 e4로부터 동일하게 h1과 e1으로 갈 수 있다는 사실로 확장되었다고 생각하지 못했습니다. 그리고 마지막 칸은 한 케이스에서는 중요했지만 또 다른 케이스에서는 치명적이었습니다. 이에 대한 증거는 경기 후 야노프스키가 2시간 동안 위치를 분석했고, 어디서 잘못을 저질렀는지 끝까지 알지 못했다는 것입니다. 다른 마스터들이 그에게 말해야 했습니다. 번Amos Burn은 저에게 **...Qh1+**를 고려했느냐고 물었고, 그것이 이기는 수라고 생각했습니다. 저는 그에게 그가 맞지만 상대는 전혀 생각하지 못했다고 말했습니다. 그리고 나서 우리는 그 수에 대해 이야기했고, 야노프스키가 그 위력에 대해 알게 되었습니다. 그러나 그가 과도한 비난을 받아서는 안 됩니다. 이 실수 이전까지 그는 모든 선수들 중 가장 두려운 이 중 하나였던 시절처럼 게임을 지휘했었습니다.

54 Ka2 Nxe5

야노프스키도 경기를 지켜본 다른 마스터들과 마찬가지로 제가 무승부 이상을 얻는 게 가능하리라고는 생각하지 못했습니다. 때문에 그는 **...Nc1**을 통한 무한 체크로서의 무승부를 얻을 마지막 기회를 잡지 못하였습니다. 계속하기 전에, 저는 이 엔드게임이 아마도 지금까지 체스보드 위에서 행해진 것 중 가장 좋은 류일 것이며, 알 수 없는 이유 때문에 제대로 평가되지 못했다는 점을 덧붙이고자 합니다. 이것은 걸작이고, 제가 매우 자랑스러워 하는 것 중 하나이며, 매우 신중하게 연구되어야 합니다. 제가 말했듯이, 그 당시에는 아무도 엔딩에서 제가 이길 수 있다고 생각하지 않았습니다.

55	b7	Nd7
56	Nc5	

아주 중요한 수입니다. 언뜻 보기에는 56 Nb6가 더 나을 것 같습니다. 깊이 있게 연구하면 실제로는 그렇지 않음을 알게 될 것입니다.

56	...	Nb8
57	Qxc4+	Kh8
58	Ne4	

이제 백의 56번째 수의 아름다움이 보입니다. 흑은 자신의 퀸으로 체크를 할 수 없고, 폰은 전진할 수 없습니다. 왜냐하면 제가 체크가 되는 콤비네이션을 통해 퀸을 잡거나 게임에서 최종적으로 얻은 것과 유사한 포지션을 얻겠다고 위협하고 있기 때문입니다.

58	...	Kh7
59	Qd3	

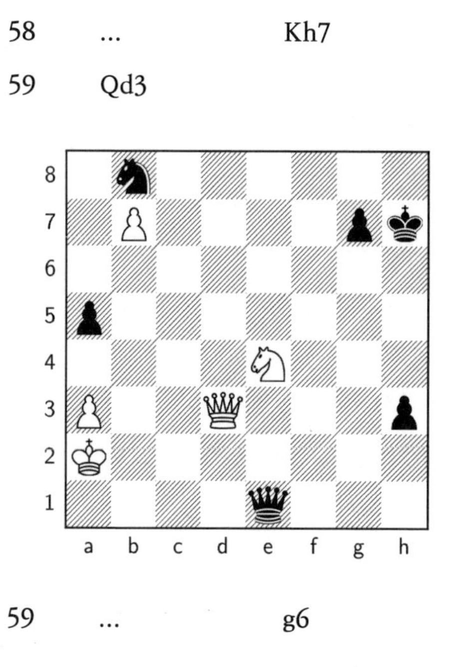

59	...	g6

만약 59...Qh4라면 60 Ng5+ Kh6 61 Nf7+ Kh5 62 Qf5+ g5 63 Ne5로 흑이 승리합니다.

60	Qxh3+	Kg7
61	Qf3	Qc1

흑은 절박합니다. 그의 퀸은 e1에서 쓸모가 없는 반면, 백은 치명적인 일련의 체크를 통해 게임을 지속적으로 위협하고 있습니다. 그래서 그는 기회가 있을 때마다 무한 체크를 위협하는 마지막 시도를 합니다.

62	Qf6+	Kh7
63	Qf7+	Kh6
64	Qf8+	Kh5
65	Qh8+	Kg4
66	Qc8+	기권
	1-0	

콤비네이션과 상황들로 가득 찬 매우 흥미로운 게임이므로 신중하게 연구할 가치가 있습니다. 게다가 오프닝, 미들게임, 엔드게임의 세 부분 모두에서 매우 유익합니다.

이 두 경기는 그 당시 저의 능력을 보여 주는 좋은 예입니다. 토너먼트 기간 동안 제 경기의 질과 관련하여, 이미 다른 어떤 포지션과 마찬가지로 주어진 포지션의 가능성을 충분히 볼 수 있었다고 생각합니다. 아주 긴 콤비네이션을 정확하게 헤쳐 나갈 수 있었고, 성공적인 공격의 가능성을 볼 수 있었습니다. 킹에 대한 직접적인 공격은 흠결 없이 진행되었습니다. 엔딩은 최고 수준에 달했어서 몇몇 선수들은 제가 그때까지 그 누구도 따라올 수 없는 것으로 평판이 난 라스커보다 더 잘 운영했다고 생각했습니다. 저는 제가 그들보다 더 잘했다고 생각하지 않으며, 그저 잘했을 뿐입니다. 저는 오프닝에 대해 많은 것을 배워야 했고, 미들게임에서의 효율적인 포지션 구축을 위한 운영, 그리고 적을 성공적으로 공격하거나 공격을 유지할 수 있는 포지션 구축도 더 배워야 했습니다.

또한 길고 지속적인 승리로 얻을 수 있는 산물인 자제력과 평온을 가져야 했습니다.

토너먼트 후반에 저는 아팠고, 이틀간의 빌바오Bilbao 방문 후, 독일을 짧게 여행하기 전에 며칠간의 휴식을 취했습니다. 그리고 아르헨티나체스클럽과의 두 달간의 약속을 이행하기 위해 부에노스 아이레스로 갔습니다.

이 계약 기간 동안 그곳에 있는 최고의 선수들과 1대 1, 또는 컨설테이션consultation 게임*을 했습니다. 일리아Ilia 씨와 M. A. 겔리Geliy 씨와 컨설테이션 게임을 벌인 결과 무승부를 기록했고, 나머지 경기에서는 제가 이겼습니다. 다음 장에서는 제가 그 당시에 썼던 메모와 함께 그 예시들을 보여드리겠습니다.

---

* 여러 명이 함께 체스를 두며 각 수에 대해 토론하고 결정하는 방식의 게임.

6장
과도기

13. 퀸스 폰 오프닝 *Queen's Pawn Opening*

백: J. R. 카파블랑카

흑: 롤란도 일리아Rolando Ilia

1	d4	d5
2	e3	Nf6
3	Nd2	e6
4	Bd3	c5
5	c3	Nc6
6	f4	Bd6
7	Nh3	0-0
8	0-0	Ne7
9	Kh1	Bd7
10	Nf3	Bc6

만약 10...Ne4면 백은 11 Bxe4에 이어 Ne5로 상대합니다.

11	Ne5	Qe8

만약 11...Ne4면 백은 12 Nxc6 Nxc6 13 Bxe4 dxe4 14 Ng5로 폰을 획득합니다. 텍스트 무브는 백 비숍과의 교환을 강력하게 위협합니다.

12	a4

흑의 ...Bb5, 그리고 ...Ne4를 막기 위해서입니다. 따라서 흑이 12...Ne4를 두면 13 dxc5 Bxc5(...Nxc5는 불가능합니다. Qh5+와 Ng5로 이어지는 Bxh7 때문입니다) 14 b4 Bb6(만약 ...Bd6면 Bxe4로 기물이 잡히며 흑은 ...Bxe5를 둘 수 없습니다. 왜냐하면 백이 Qh5+와 Ng5로 이어지는 Bxh7으로 이길 수 있기 때문입니다) 15 b5 Bd7 16 Bxe4 dxe4 17 Qxd7으로 백이 기물에서 우세해집니다.

12	...	a6
13	b3	b5
14	axb5	axb5
15	Rxa8	Qxa8
16	dxc5	Bxc5
17	Qe2	b4
18	cxb4	Bxb4
19	Bb2	Qd8

흑으로선 19...Ne4가 더 나았습니다.

20	Ng5

백은 Nxc6에 이어 Qc2(추정)*를 통해 폰을 획득할 수 있었지만, 그 이점은 저를 만족시키지 못했습니다. 텍스트 무브는 Nxc6를 두겠다고 위협하고 이어서 Bxf6로 연결됩니다.

20 ... Ba8

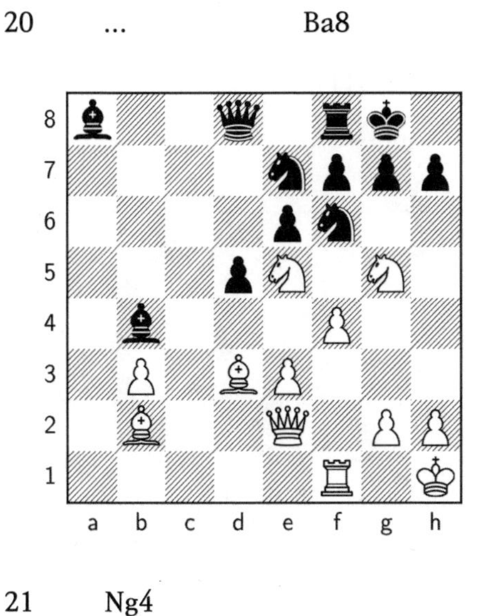

21 Ng4

포지션이 매우 흥미롭고 어렵습니다. 백에게는 몇 가지 연속수가 있지만 가장 좋은 것을 고르기가 쉽지 않습니다.

21 ... Ng6

* 원서에서는 Q-B2로 표기되어 있는데 이를 대수기보법으로 바꾸면 Qc2거나 Qf2다. 현재 백 퀸은 둘 다 둘 수 있는 상태다. 따라서 20 Nxc6 Nxc6 21 Qc2 Ne7 22 Bxh7 Nxh7 23 Ng5 Nxg5 24 fxg5로의 진행을 추정하여 Qc2로 표기했다.

최선. 만약 ...Ne4였으면 22 Bxe4 cxe4 23 Bxg7 Kxg7 24 Qb2+로 백이 승리합니다.

22	Bxf6	gxf6
23	Nh6+	Kg7
24	Nhxf7	Qe8
25	Qh5	fxg5

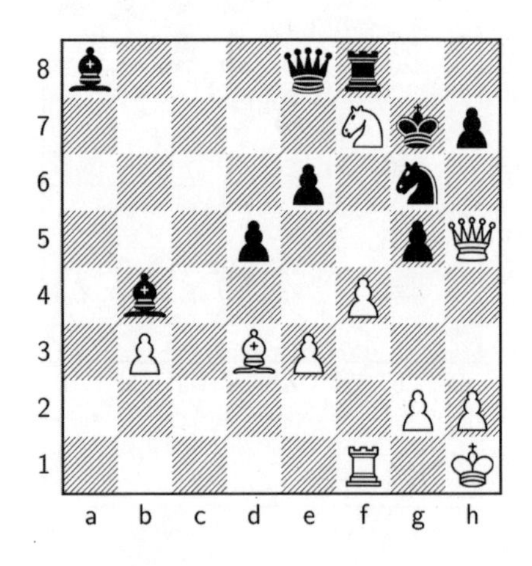

26	Qh6+

Nxg5가 대안이었습니다. 만약 그 다음에 흑이 26...h6를 두면 백은 Ra1으로 Rxa8를 위협하고 Ra7+도 가능합니다.

26	...	Kg8

만약 26...Kxf7 27 Qxh7+면 다음과 같은 변형이 일어날

수 있습니다. 27...Kf6 28 Bxg6 Qxg6 29 fxg5+ Ke5(만약 ...Kxg5면 h4+) 30 Qc7+ Ke4 31 Rxf8로 백은 Rxa8를 위협하고 또한 Qc2+로 퀸을 잡습니다.

또는 26...Kxf7 27 Qxh7+ Kf6 28 Bxg6 Rh8 29 fxg5+ Kxg5 30 h4+ Kg4 31 Bh5+ Kxh4(만약 ...Qxh5거나 ...Kg3면 3수째에 메이트 됩니다) 32 Rf4+ Kg5 33 Rg4+ Kf6 34 Qg7+, 그리고 백은 다음 수로 메이트를 겁니다.

그 밖에도 많은 좋은 변형들이 있지만, 게임을 살릴 수 있는 방법인지에 대해선 매우 의심스럽습니다.

27	Nxg5	**기권**
	1-0	

만약 27...Qe7이면 28 Bxg6 hxg6 29 Qxg6+ Qg7 30 Qxg7+ Kxg7 31 Nxe6+ Kf7 32 Nxf8, 그리고 두 비숍에 맞서 룩 하나와 폰 네 개를 가진 백은 무리 없이 이기게 됩니다.

14. 퀸스 갬빗 거절 *Queen's Gambit Declined*

(1911년 5월 26일)

백: J. R. 카파블랑카 흑: L. 몰리나Molina

1	d4	d5
2	c4	e6
3	Nc3	Nf6
4	Bg5	Nbd7
5	e3	c6

옛날식 수비, 지금은 거의 이렇게 하지 않습니다.

6	Nf3	Be7
7	cxd5	

좋지 않으며 7 Qc2를 둬야 했습니다.

7	...	Nxd5

...exd5가 옳은 길이었습니다.

8	Bxe7	Nxe7

...Qxe7이 대안이었습니다.

9	Bd3	c5
10	0-0	0-0
11	dxc5	Nxc5

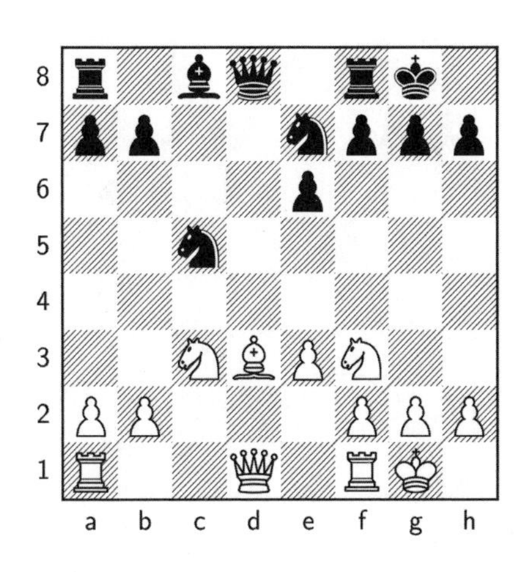

12	Bxh7	

다소 특이한 콤비네이션입니다. 균형이 잘 잡힌 포지션에서는 운영 중인 몇 개의 기물만으로 공격을 얻는 일이 일반적으로 불가능합니다. 하지만 여기서는 백이 빠르게 룩과 나이트를 공격에 투입할 수 있다는 점에 주목해야 합니다. 전체적으로 이 콤비네이션은 괜찮은 듯합니다.

12	...	Kxh7
13	Ng5+	Kg6

흑의 최선. 만약 13...Kh6면 14 Nxf7+로 퀸이 잡힙니다. 그리고 13...Kg8면 거부할 수 없는 공격인 14 Qh5로 응수됩니다.

14 Qg4

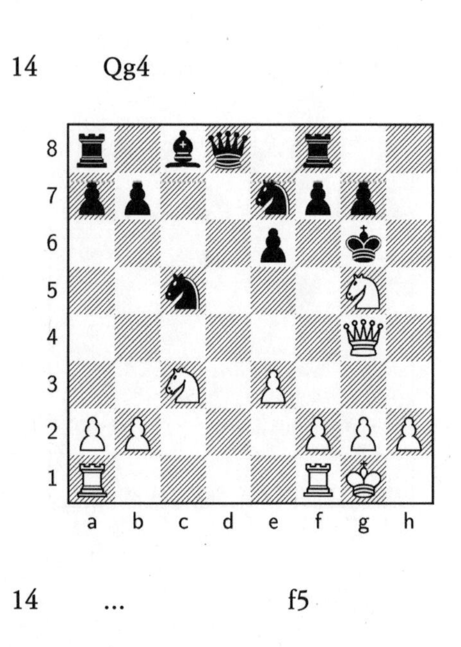

14 ... f5

다시 최선입니다. 흑에게 유혹적인 수인 ...e5는 치명적입니다. 예를 들어 14...e5 15 Ne6+ Kf6 16 f4! e4(최선) 17 Qg5+ Kxe6 18 Qe5+ Kd7 19 Rfd1+ Nd3 20 Nxe4 Kc6(만약 ...Ke8면 Nd6+로 퀸이 잡힙니다) 21 Rxd3 Qxd3 22 Rc1+ Kb6(만약 ...Kd7이면 2수째에 흑은 메이트에 걸립니다) 23 Qc7+, 그리고 5수째에 흑은 메이트에 걸립니다.

15 Qg3 Kh6

16	Qh4+	Kg6
17	Qh7+	Kf6

만약 ...Kxg5면 18 Qxg7+, 그리고 5수째에 흑은 메이트에 걸립니다.

18	e4	Ng6

최선입니다. 흑은 이곳을 매우 잘 방어합니다. 그는 지금 ...Rh8를 두게 되는 상황을 위협합니다.

19	exf5	

f4가 더 강했습니다. 그렇게 됐을 때 19...fxe4면 20 Rad1 Qb6 21 Rd6로 백이 승리합니다.

19	...	exf5
20	Rad1	Nd3

20 Nd3는 흑의 유일한 방어 수단이죠.

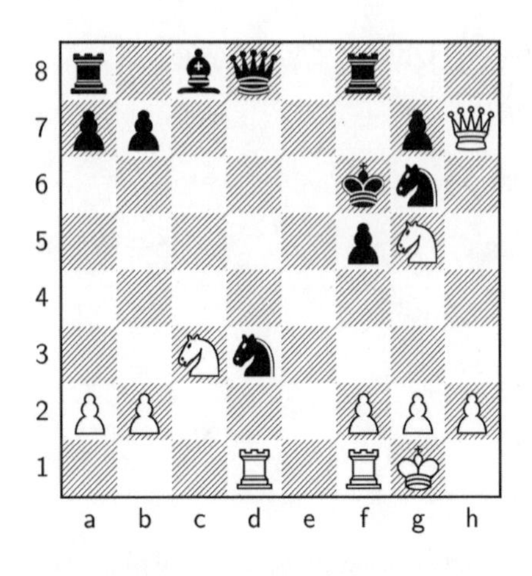

21	Qh3	

강제였습니다. 흑이 ...Rh8 스큐어*로 퀸을 잡겠다고 위협하고 있기 때문입니다. 흑이 무방비 상태인 백 나이트를 5수 동안 잡을 수 없었다는 점에 주목해야 합니다.

21	...	Ndf4

흑은 이번 수를 다른 나이트로도 둘 수 있었습니다.

22	Qg3	Qc7
23	Rfe1	Ne2+

* 장거리 공격 기물로 공격받은 기물의 뒤에 그보다 가치가 작은 기물이 있어서 공격받은 기물이 피하면 약한 기물이 잡히게 되는 상황.

흑이 즉각 패배하는 치명적인 실수입니다. 그러나 게임은 이미 흑을 구원할 수 없는 상황입니다. 예를 들어 23...Be6면 24 Rxe6+ Nxe6 25 Nd5로 흑은 메이트 됩니다. 그리고 만약 23...Bd7이면 24 Nd5+ Nxd5 25 Nh7+ Kf7 26 Qxc7 Nxc7 27 Rxd7+ Kg8 28 Nxf8로 백이 승리합니다.

24	Rxe2	Qxg3
25	Nh7+	Kf7
26	hxg3	Rh8
27	Ng5+	Kf6
28	f4	**기권**
	1-0	

부에노스아이레스를 마무리한 후, 남아메리카의 몇몇 도시들을 방문했습니다. 몬테비데오, 바이아블랑카, 라플라타, 그리고 다시 몬테비데오로 돌아갔고, 거기서 유럽으로 돌아가서 네덜란드에서 짧은 투어를 가졌습니다. 그곳에서 며칠 동안 여섯 번의 다면기를 열었고, 훌륭한 결과를 얻었습니다. 마지막 퍼포먼스는 암스테르담에서 가장 강한 스물다섯 명의 선수들과의 대결이었습니다. 4시간 경기 후 한 번은 지고, 세 번은 비기고, 나머지를 이겼는데, 그 결과는 저를 더욱 기쁘게 했습니다. 왜냐하면 회장이 소개 연설에서 저에게 이기기 위해 그들이 모을 수 있는 가장 강력한 팀을 모았다고 말했기 때문입니다.

네덜란드에서 함부르크와 키엘을 거쳐 코펜하겐으로 갔습니다. 그리고 독일과 오스트리아를 거쳐 프랑스와 영국으로 돌아갔습니다. 그곳에서 마침내 증기선을 타고 미국과 고향 쿠바로 올 수 있었습니다.

1912년과 1913년 동안 몇몇 작은 토너먼트에 참가했고, 미국이나 쿠바에서 몇몇 투어를 했습니다. 최고의 성적은 1913년 뉴욕에서 열세 번의 경기를 모두 이긴 것이었는데, 이 대회는 바로 같은 뉴욕에서 라스커만이 이룬 성취였습니다. 물론 듀라스 Oldřich Duras*를 제외하면 모두가 일등급 선수들은 아니었지만 대부분 쉽게 제압할 수 없는 실력파 선수들이었습니다.

여기에는 그 토너먼트에서 잘한 게임 몇 가지를 소개합니다.

* 체코의 그랜드마스터로 20세기 초에 가장 강한 선수들 중 한 명으로 꼽혔다. 제1차 세계 대전 이후에는 현역에서 은퇴한 후 체스 연구자로서의 삶을 살았다.

15. 이레귤러*Irregular*

(1913년 1월 28일 내셔널 마스터스 토너먼트, 뉴욕)

백: H. **클라인**Kline **흑**: J. R. **카파블랑카**

1	d4	Nf6
2	Nf3	d6

2...d6는 단순히 일반적인 라인으로 게임을 진행하자는 생각만으로 둔 수입니다. 그 당시 이 독특한 수비는 나중에 사람들이 익숙해진 것만큼 많이 두거나 분석되지 않았습니다. 이제는 거의 모든 선수들이 이것에 익숙합니다.

3	c3	

아마도 최선은 아닙니다. Bf4가 훨씬 더 나았을 것입니다.

3	...	Nbd7
4	Bf4	c6
5	Qc2	Qc7
6	e4	e5
7	Bg3	Be7
8	Bd3	0-0
9	Nbd2	Re8

10	0-0	Nh5
11	Nc4	Bf6
12	Ne3	Nf8
13	dxe5	dxe5
14	Bh4	

이 백 비숍의 이동은 백의 계획이 실패했음을 반증하듯 너무 자주 이뤄졌습니다. 흑의 아이디어는 f4에 나이트를 세우는 것이며 결국 성취하게 됩니다.

14	...	Qe7
15	Bxf6	Qxf6
16	Ne1	Nf4
17	g3	Nh3+
18	Kh1	h5

흑은 바로 g파일 폰을 밀어붙이면 결과가 나올 f5에 대한 통제력을 잃지 않고 공격을 계속하기를 원합니다.

19	Ne3g2	g5

이제 백은 자신의 나이트를 f5에 배치하기 위해 우회해야 하며, 흑은 그 시간을 잘 활용할 수 있을 것입니다.

20	f3	Ng6
21	Ne3	h4
22	g4	Nhf4
23	Rf2	Nxd3
24	Nxd3	Be6
25	Rd1	Red8
26	b3	Nf4
27	Ng2	

27 Nxf4가 나았습니다.

27	…	Nxd3
28	Rxd3	Rxd3
29	Qxd3	Rd8

흑 입장에서 …Bxg4는 안 됩니다. 왜냐하면 30 Nxh4 gxh4 31 Rg2가 되기 때문입니다.

30	Qe2	h3
31	Ne3	a5
32	Rf1	

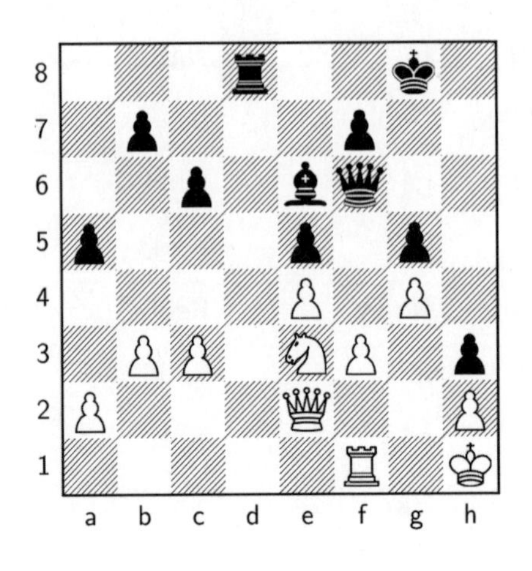

32	...	a4

흑은 백의 퀸사이드를 깨부숴서 이기려고 노력해야 합니다. 만약 33 bxa4 Qf4를 둬서 ...Ra8를 위협한다면, 유리하게 폰을 보상받게 될 것입니다.

33	c4	Rd4
34	Nc2	Rd7
35	Ne3	Qd8
36	Rd1	Rxd1+
37	Nxd1	Qd4!

흑이 승부수를 던졌습니다. 연구생이라면 지금부터 엔딩에서의 수들을 하나씩 분석해 봐야 합니다.

38	Nf2	

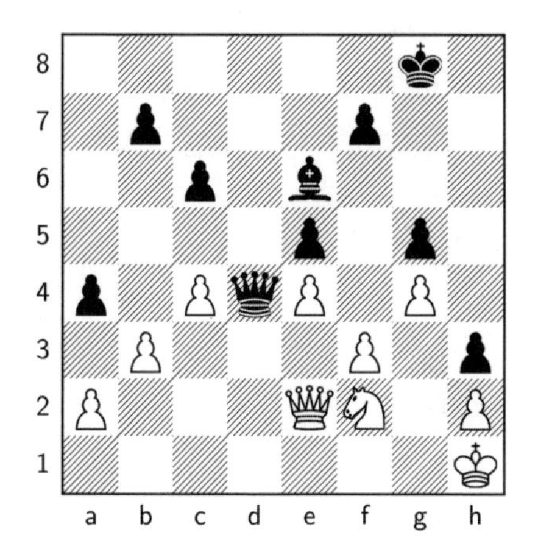

38	...	b5
39	cxb5	axb3
40	axb3	Bxb3
41	Nxh3	Bd1
42	Qf1	cxb5
43	Kg2	b4
44	Qb5	b3
45	Qe8+	Kg7
46	Qe7	b2

흑 폰의 전진이 놀랍습니다.

47	Nxg5	Bb3
48	Nxf7	Bxf7

49	Qg5+	Kf8
50	Qh6+	Ke7
51	Qg5+	Ke8
	백 기권	0-1

16. 이레귤러 *Irregular*

(1913년 2월 13일 아바나 마스터스 토너먼트)

-우수상Brilliancy Prize 수상

백: J. **코르소** **흑**: J. R. **카파블랑카**

1	d4	Nf6
2	c4	d6
3	Nc3	Nbd7
4	e4	e5
5	f4	

백의 5 f4는 언뜻 보기에는 매우 강해 보이지만, 가치가 의심스럽습니다.

5	...	exd4

이는 흑으로선 매우 어려운 상황에 처하게 될 백의 Nf3 또는 fxe5가 나오기 전에 필수적으로 둬야 하는 수입니다.

6	Qxd4	Nc5
7	Be3	Qe7

7...Qe7은 이례적인 움직임이지만 이 경우에는 가치가 높

습니다. 백이 허약한 e파일 폰을 방어하게 만듦으로써 그의 전개를 방해하기 때문입니다. 만약 백이 지금 e5를 두면 흑은 ...Ng4로 응수합니다.

8	Nd5	Nxd5
9	exd5	Bf5

9...g6는 안 됩니다. 백이 Nf3 대신에 즉시 둘 수 있는 0-0-0 때문입니다.

10	Nf3	g6!

10 g6로 흑은 공격력을 얻게 됩니다. 예를 들어 백의 0-0-0은 ...Bg7 응수로 흑에게 매우 강력한 우세를 줍니다. 지금부터는 매우 신중하게 연구해야 할 일련의 탁월한 수들이 있습니다.

11	Kf2	Rg8
12	Re1	Bg7
13	Qd1	Ne4+
14	Kg1	Kf8

흑은 0-0-0을 두면 안 됩니다. 그것은 매우 강력한 공격에 노출되게 만들 것입니다.

15 Bd4

훌륭합니다. 최소한 8수 동안 백은 굉장히 어려운 포지션에서도 완벽한 수를 둡니다.

15 ... g5!

흑이 공격을 계속하고 우위를 점할 수 있는 유일한 길입니다.

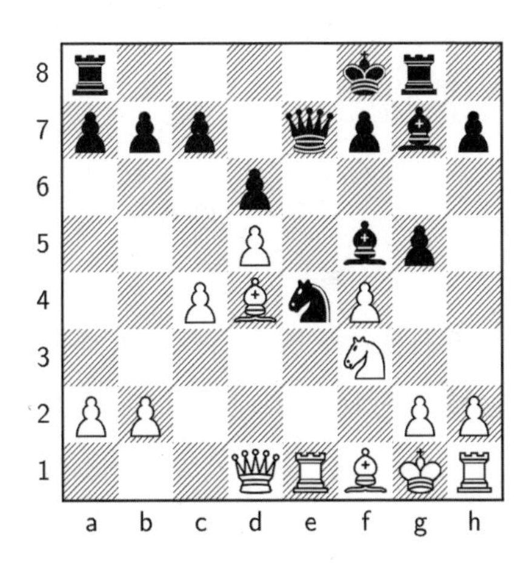

16 Bxg7+

만약 Nxg5면 16...Bxd4+ 17 Qxd4 Nxg5 18 Rxe7 Nh3#로 백이 메이트 됩니다.

만약 fxg5면 16...Nxg5 17 Rxe7 Nh3+ 18 gxh3 Bxd4#으로 백이 메이트 됩니다.

만약 fxg5면 16...Nxg5 17 Nxg5 Bxd4+ 18 Qxd4 Qxe1.

만약 fxg5면 16...Nxg5 17 Bxg7+ Rxg7 18 Nxg5 Qxg5로 흑이 이득입니다. 그리고 마지막으로 16 Bd3면 ...gxf4로 흑이 이득을 얻습니다.

16	...	Rxg7
17	Nd4	Bd7
18	f5	

만약 18 Bd3면 18...f5 19 Bxe4 fxe4 20 f5 Qe5 21 Ne6+ Bxe6 22 fxe6 c6.

18 ... Qe5

흑은 또한 ...c5를 둘 수도 있습니다. 만약 백이 dxc6 e.p.을 걸면 ...bxc6로 응수합니다. 그리고 e4의 나이트는 ...d5로 방어됩니다. 그리고 만약 18...c5에 대해 19 Ne6+로 응수하면 19...fxe6 20 Rxe4 e4로 흑에게 우월한 게임이 됩니다.

19 Qd3 Re8

19...Re8는 나중에 교환을 위해 희생시키자는 생각으로 일부러 둔 수입니다. 흑은 이보다 단순한 ...Nc5를 둘 수 있었고, 그다음으로 20 Rxe5 Nxd3 21 Re2 Ne5로 진행될 수 있으며, f5의 백 폰은 허약해집니다.

20 Ne6+ fxe6

21 fxe6

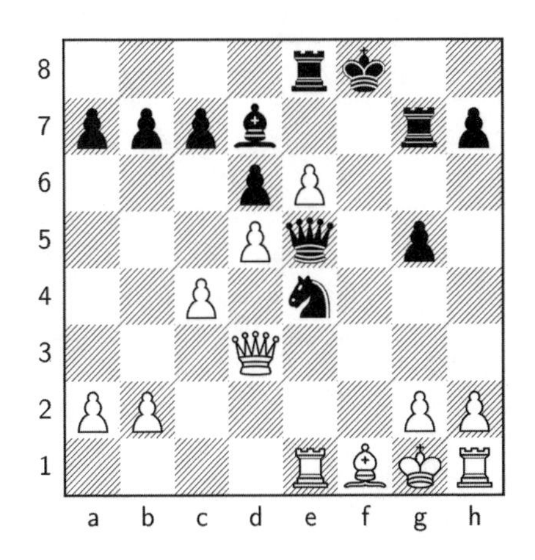

21 ... Rxe6!

22 dxe6 Bc6

23 Qf3+ Qf4!

24 Qe3

만약 24 Qxf4+를 두면 24...gxf4 25 h4 f3 26 Rd1 f2+ 27 Kh2 Ng3 28 Rd2 Nxh1 29 Kxh1 Rxg2!

24 ... Ke7

25 b4 b6

26 b5 Bb7

27 g3 Nd2!

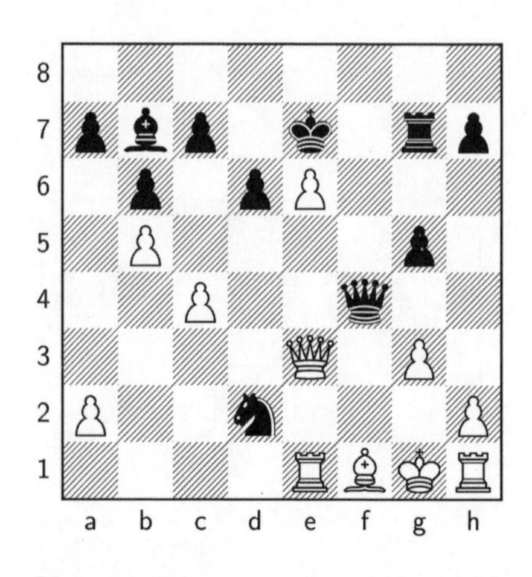

28 Qc3

이는 후에 백이 겪게 될 모든 문제의 원인이 되는 변명의 여지가 없는 오류입니다. 28 Bg2가 최선이었습니다. 그러면 게임은 다음과 같이 진행됩니다. 28...Qxe3 29 Rxe3 Nxc4 30 Rc3 Bxg2 31 Kxg2 d5.

28	...	Nf3+
29	Kf2	Qf8

29...Qf8는 백이 28 Qc3를 뒀을 때 간과한 퇴각이었습니다.

30	c5	Ne5+
31	Kg1	Nf3+
32	Kf2	bxc5

33	Qa5	Ne5+
34	Kg1	Qf3
35	Qxc7+	Kf6
36	Qxd6	Qxh1+
37	Kf2	Qxh2+
	백 기권	0-1

17. 루이 로페즈 *Ruy Lopez*

(1913년 7월 라이스체스클럽 마스터스 토너먼트)

백: J. R. 카파블랑카 흑: O. 차제스Chajes

1	e4	e5
2	Nf3	Nc6
3	Bb5	a6
4	Ba4	Nf6
5	0-0	b5

흑의 5...b5가 안전하게 운용될 수 있을지는 의문입니다. 여기서는 ...Nxe4나 ...Be7이 공인된 수들입니다. 루이 로페즈는 최선의 흑에게도 매우 어려운 게임이기 때문에, 수들이 가진 흐름의 성질을 바꾸는 것은 권장되지 않습니다.

6	Bb3	Be7
7	d4	d6
8	c3	Bg4
9	Be3	0-0

만약 ...Nxe4면 10 Bd5 Qd7 11 dxe5로 백에게 더 나은 게임을 선사했을 것입니다.

10	Nbd2	Na5
11	Bc2	Re8

흑은 11...c5를 둘 의도가 아니었다면 그 앞의 수를 둬야 할 이유가 없었습니다. 다음 수 이후에 흑의 게임은 점점 더 나빠집니다.

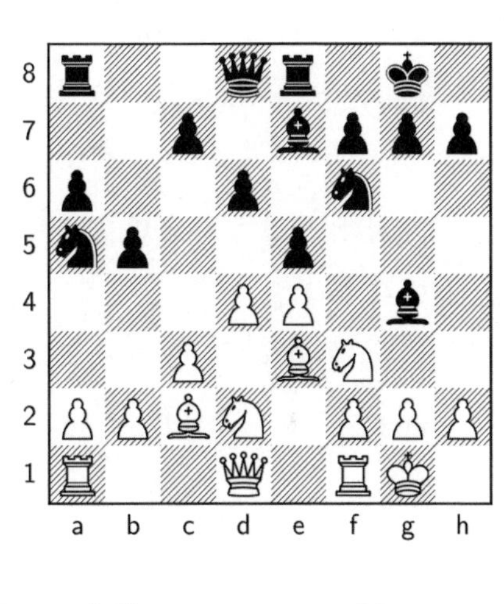

12	b4!	exd4

만약 ...Nc4면 13 Nxc4 bxc4 14 dxe5 그리고 백은 곧 폰을 획득합니다. 만약 12...Nc6면 13 d5 Nb8 14 a4 Nbd7 15 axb5 axb5 16 Qe2, 그리고 흑은 b파일 폰을 잃습니다. 12...Nb7이면 이 흑 나이트는 완전히 무용하게 됩니다.

13	cxd4	Nc6
14	a3	Bf8

15	Rc1	Ne7

흑은 나이트를 자신의 킹사이드 방어를 위해 데려오고자 합니다. 또한 나이트가 백 룩의 공격 라인에서 벗어나기를 원합니다. 대안은 15...Qd7이었습니다.

16	e5	dxe5
17	dxe5	Bxf3

17 Bxf3는 강제입니다. 이렇게 하지 않으면 백이 Bxh7+를 두고 다음으로 Ng5+를 둡니다.

18	Qxf3	Nd7
19	Qh3	Ng6
20	f4	Nb6
21	Nf3	Nc4

비록 이 흑 나이트는 지금 매우 강력하게 전초기지화되었지만, 백 기물들도 다가올 공격을 위해 모두 잘 배치되어 있기 때문에 그것만으로는 모든 공격을 차단할 수 없습니다. 그러나 흑으로선 이보다 더 좋은 방법이 없었습니다.

22	Ng5!	h6

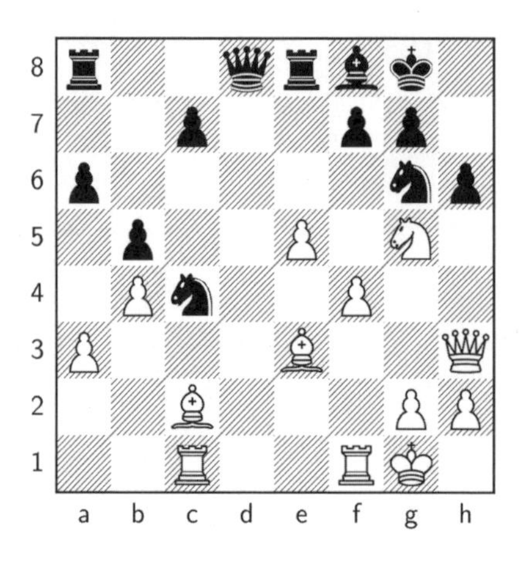

23	Nxf7!	Kxf7
24	Qf5+	Kg8
25	Qxg6	Nxe3
26	Qh7+	Kf7
27	Bb3+	Nc4

만약 27...Ke7을 뒀으면 백은 28 Qe4(아마도 최선)나 Qg6를 두고 이겼을 것입니다. 마지막 경우에 게임은 다음과 같이 진행되었을 것입니다. 27...Ke7 28 Qg6 Nc4 29 Rfd1 Qb8 30 e6 Qb6+ 31 Kf1 Nd6 32 Rxd6 Qxd6 33 Qf7+ Kd8 34 Rd1 Be7 35 Qxg7.

28	Rfd1	Qb8
29	Rxc4	bxc4
30	Bxc4+	Ke7

31	Qf5	Qb6+
32	Kf1	기권
	1-0	

19세기 초 영국 존 플랙스먼 디자인의 나이트 기물 ©메트로폴리탄미술관

1853년 영국 체스 기물들 ©메트로폴리탄미술관

PART 02
완전한 발전기
The Period of Full Development

7장
두 번째 유럽 방문

라이스체스클럽 마스터스 토너먼트에서 우승한 후 몇 주 후에 유럽으로 가는 기선을 탔습니다. 저는 쿠바 외무부에 취업했고, 1913년 11월에 상트페테르부르크에 있는 영사관으로 보내졌습니다. 가는 길에 런던, 파리, 베를린에서 다면기를 가졌습니다. 마지막 도시에서는 미제스와 두 경기, 테이흐만과 두 경기 등 네 경기가 연속으로 열렸습니다. 경기는 카페 케르카우Kerkau에서 진행되었고, 제가 네 경기 다 이겼습니다. 상트페테르부르크에 도착한 직후, 여섯 경기가 연이어 치러졌습니다. 알레킨Алекса́ндр Алекса́ндрович Але́хин, 스노스코보롭스키Евгений Александрович Зноско-Боровский, 두즈코티미르스키Фёдор Дуз-Хотимирский를 상대로 각각 2경기씩이었습니다. 저는 5승을 했고, 스노스코보롭스키에게 1패를 당했습니다. 그것은 토너먼트나 공개 대회에서 약 서른 번의 중요한 경기들을 이긴 후 맞이한 첫 패배였습니다. 그리고 큰 규모로 열릴 상트페테르부르크 토너먼트에 앞서 러시아의 몇몇 도시들과 빈, 파리, 베를린을 1914년 초에 다시 방문했습니다. 단신으로 마스터들과 진지한 경기를 많이 했는데 결과는 8승 2무였습니다. 그리고 나서 다가오는 토너먼트에 참가하기 위해 상트페테르부르크로 돌아갔습니다. 그곳에서 처음으로 라스커를 만날 예정이었습니다. 저는 이 몇 달 동안 최고의 게임들을 했습니다. 한 번은 알레킨과, 그리고 한 번은 두즈코티미르스키와 상트페테르부르크에서, 한 번은 님조위치와 리가에서, 한 번은 번스타인 박사와, 한 번은 블루멘펠드Benjamin Blumenfeld와 파블로프Pawlow와 모스크바에서, 한 번은 카우프만Arthur Kaufmann 박사와 팬드리히Hugo Fähndrich와 빈에서 붙었습니다. 이 게임들은 아래부터 제시됩니다.

18. 루이 로페즈 *Ruy Lopez*
(1913년 12월 13일 상트페테르부르크)

백: J. R. 카파블랑카 흑: F. 두즈코티미르스키

1	e4	e5
2	Nf3	Nc6
3	Bb5	a6
4	Ba4	Nf6
5	0-0	Be7
6	Re1	b5
7	Bb3	d6
8	c3	Na5
9	Bc2	c5
10	d4	Qc7
11	Nbd2	Nc6
12	Nf1	

요즘의 저라면 아마도 12 d5를 연속수로 뒀을 듯합니다. 그러나 이 텍스트 무브는 E. 라스커 박사와 다른 사람들에 의해 성공적으로 행해진 수이기도 합니다.

12	...	cxd4
13	cxd4	Bg4

흑은 공격을 가정하는 아이디어로 나이트나 **...exd4** 대신 이 라인을 택합니다. 자신의 스타일에 더 잘 어울리기 때문입니다.

14	d5	Nd4
15	Bd3	0-0
16	Be3	Rac8

흑은 a파일 룩 대신에 다른 룩을 움직여야 했습니다.

17	Bxd4	exd4
18	a4	Qb6
19	axb5	axb5

흑이 앞선 설명에서처럼 뒀다면, 그는 지금 두 룩의 오픈 파일을 가질 수 있었을 테고, 백이 자신의 다음 수로부터 진화시키려 하는 계획은 그리 효과적이지 않았을 것입니다. 이 포지션을 주의 깊게 연구해야 합니다. 백에게는 흑이 **...Nd7**을 두고 이어서 **...Ne5** 또는 **...Nc5**를 두기를 원한다는 게 명백해 보입니다. 그리고 **...h5**로 백 b파일 폰의 진격을 강요하고, f6의 비숍, d4의 폰, 그리고 궁극적으로는 f3 나이트의 합작을 통해 압박하여 백이 버티지 못하게 만들려는 것입니다. 이 계획에 대응하기 위해 백은 모든 지점에서 마주치는 것과는 다른 것을 진화시켜야만 합니다. 그러한 대응이 가능하다면, 백은 d4의 폰이나 b5의 폰에 대항하여 둘 중 하나를 택해 충분한 병력을 집중시킬 수 있기

때문에 장기적으로 보면 승리합니다. 텍스트는 이 작업이 어떻게 수행되었는지 보여줍니다.

20	h3!	Bxf3
21	Qxf3	Nd7
22	Rec1!	Nc5

백은 흑을 이 기동으로 이끌었을 뿐만 아니라, 더 나아가 흑 나이트가 a4로 가도록 유도할 것입니다.

23	b4!	Na4

이 경기가 진행되는 동안, 세계적인 선수들 중 그 아래 등급에 속하는 두 명의 마스터들 외에 대부분은 제가 상대방으로 하여금 우승자 자리를 가져가도록 허락했다고 생각했습니다. 그들은 전세를 뒤집으려는 저의 25번째 수를 보지 못했습니다. 지금 흑이 ...Nxd3를 뒀다면 24 Qxd3 Rc3? 25 Rxc3 dxc3 26 Ne3 Bf6 27 Nc2에 이어 Ra5로 백은 더 나은 게임을 갖게 됩니다. 아마도 흑의 최선의 라인은 23...Nxd3 24 Qxd3 Bf6입니다.

24	Rxc8	Rxc8
25	e5!	

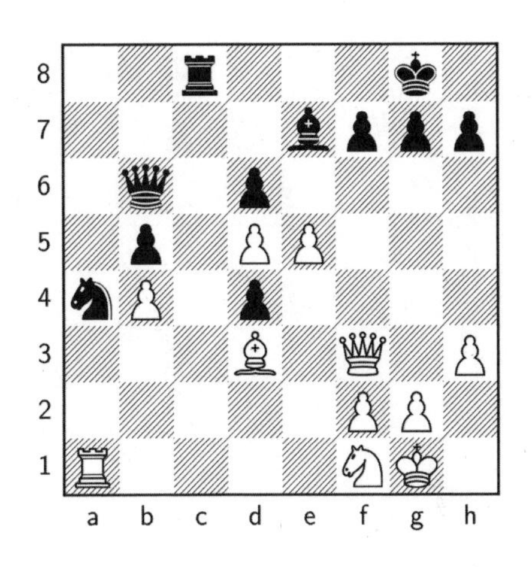

25	...	g6

이는 백이 Qf5를 두겠다고 위협해서 나온 응수입니다. 여기서 흑이 ...Rf8를 뒀다면, 그는 그 후에 ...g6를 두도록 강요되었을 것입니다.

26	e6	Rf8
27	Ng3!	Qb7

만약 흑이 ...fxe6를 뒀다면 백은 Qg4로 Bxg6와 Qxe6+를 함께 위협하게 됩니다. 백 나이트는 이 모든 변형에서 엄청난 위력을 발휘합니다.

28	Nf5!

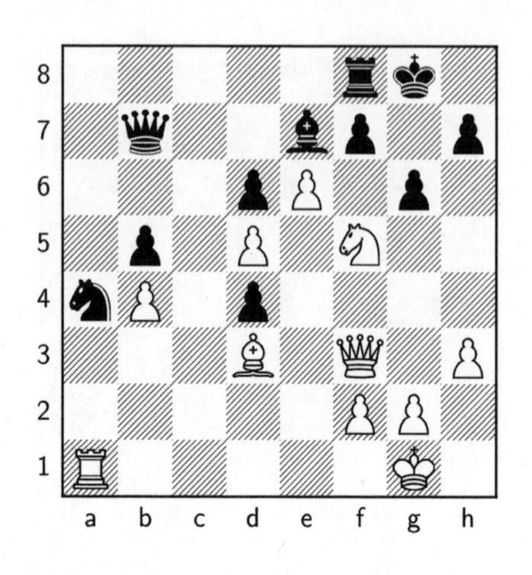

28	...	fxe6

...Kh8가 최선이었지만, 그렇게 하면 백은 Qe4로 이길 것입니다. 흑은 항상 e6 폰을 잡고 싶어했고 때가 되었다고 생각했는데, 그것은 결과를 재촉할 뿐입니다.

29	dxe6	Qc7
30	Qc6!	

30 Qc6의 목적은 퀸과 비숍을 모두 사용하여 e8 칸을 제어함으로써 d7에서 퀸이 교환된 후에도 비숍이 그곳에 남아 통과한 폰의 전진을 보호하는 것입니다.

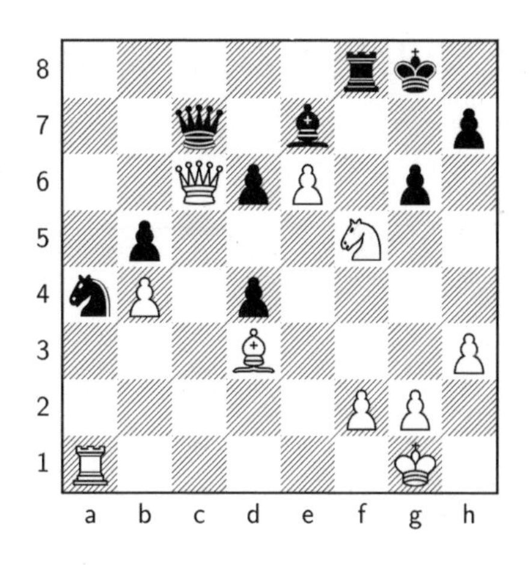

30	...	Qd8
31	Nxe7+	Qxe7
32	Bxb5	Nc3
33	Qd7	Qxd7
34	Bxd7	Rb8

만약 34...Nd5면 35 Rd1 Rf4 36 g3 Re4 37 Bc6 Re5 38 Rxd4 Ne7 39 Rxe6.

35	e7

그리고 흑은 몇 수 뒤에 기권했습니다.

19. 퀸스 갬빗 거절 *Queen's Gambit Declined*

(1913년 12월 상트페테르부르크)

백: J. R. 카파블랑카 흑: A. 알레킨

1	d4	d5
2	c4	c6
3	e3	Nf6
4	Nf3	e6
5	Nbd2	

5 Nbd2는 흑이 ...dxc4를 둘 때 나이트로 다시 잡아서 e5 칸을 통제하려는 아이디어입니다.

5	...	Nbd7
6	Bd3	Be7

보통 이 흑 비숍은 d6에 배치되지만, 알레킨은 텍스트가 다른 수보다 우월하다고 생각했기 때문에 이 게임에서 채택했습니다.

7	0-0	0-0
8	Qc2	

백은 게임의 일반적인 코스를 바꾸기 위해 순간적인 충동으로

8 Qc2를 뒀지만, 추천하지는 않겠습니다. b3가 계속적인 자연스러운 방법입니다.

8	...	dxc4
9	Nxc4	c5

흑은 폰을 교환하기 전에 9...c5를 둬야 했습니다.

10	Nce5	cxd4
11	exd4	Nb6
12	Ng5	

여기서 흑이 ...g6를 두도록 강요하는 것은 그의 킹사이드를 약화시키고 백의 퀸사이드 비숍을 위한 구멍을 만들 것입니다.

12	...	g6
13	Ngf3	

백은 비숍을 위한 공간을 만들고 있는 중입니다. 백은 또한 Qe2를 둘 수 있었고, 만약 그랬다면 13...Qxd4 14 Ngf3에 이어 Ba6와 Ng5를 잇는 격렬한 공격을 가할 수 있습니다.

13	...	Kg7
14	Bg5	Nbd5

15 Rac1 Bd7

16 Qd2 Ng8

17 Bxe7 Qxe7

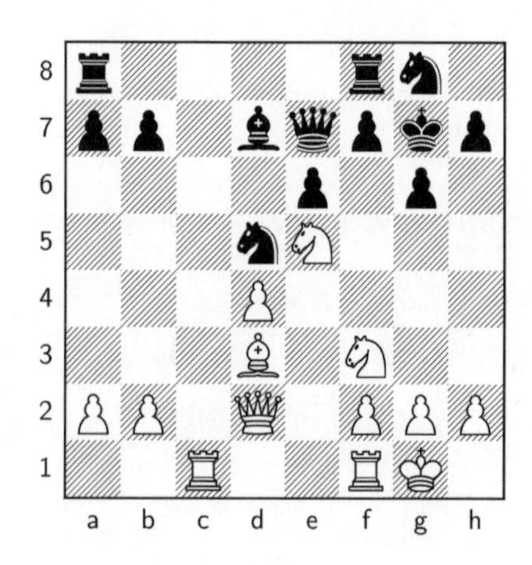

18 Be4!

저는 이 수를 매우 오랫동안 고려했습니다. 이것은 매우 단순하며 공격적이지 않아 보이지만, 흑의 포지션에 대한 전체적인 공격의 토대가 됩니다. d5에 있는 흑 나이트가 흑의 수비의 열쇠인 반면, 거의 쓸모가 없는 백 비숍은 가장 가치 있는 흑 나이트와 교환할 필요가 있는 것이 현재 상황입니다. 이 동작을 제대로 설명하려면 상당히 많은 글이 필요할 것이며, 그러면 명확하게 이해시킬 수 없을지도 모르기 때문에 연구생이 알아서 해결하도록 맡기고자 합니다.

18 ... Bb5

19	Rfe1	Qd6
20	Bxd5	exd5
21	Qa5	

이로써 c7 칸이 백에 의해 통제되고, 이것이 게임을 결정합니다. 흑이 ...Bc6로 보호하려 할 경우, 그는 백의 Nxc6를 통해 폰을 잃게 될 것이며, 백으로선 충분한 병력을 동원하여 c파일 폰이나 a파일 폰을 획득할 수 있을 것입니다. 미들게임 내내 흑의 약점은 어두운 칸을 제어하지 못하는 점이라는 사실에 주목해야 합니다.

21	...	a6

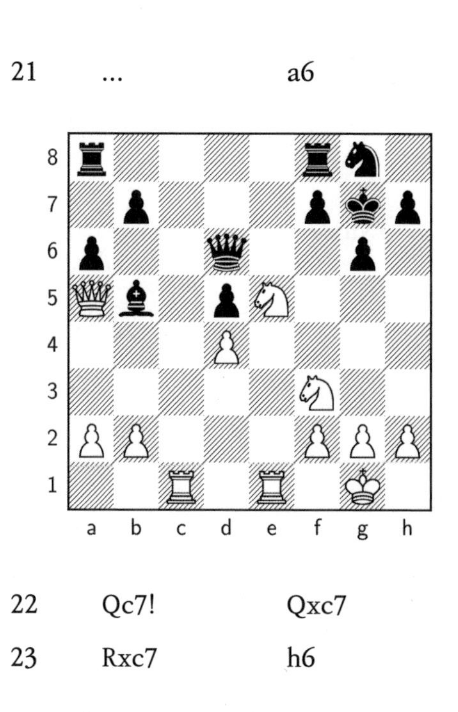

22	Qc7!	Qxc7
23	Rxc7	h6

23...h6는 백이 f파일 폰을 공격하고 e6에서 체크를 걸 수 있는 Ng5를 두겠다고 위협하기 때문입니다.

24	Rxb7	Rac8
25	b3	Rc2
26	a4	Be2
27	Nh4	

27 Nh4는 흑을 녹아웃시키는 한 방입니다. 지금의 흑 비숍은 d7에서 칸을 방어하지 않으므로 흑 킹은 Nd7+ 때문에 f6로 나올 수 없으며, 따라서 흑에게는 킹사이드 폰들을 방어할 방법이 없습니다. 흑은 지금 기권할 수도 있었습니다.

27	...	h5
28	Nhxg6	Re8
29	Rxf7+	Kh6
30	f4	a5
31	Nh4	

그리고 흑은 35번째 수에서 기권하였습니다.

20. 스카치 갬빗 *Scotch Gambit*

(1914년 1월 혹은 2월 모스크바)

백: 블루멘펠드·파블로프

흑: J. R. **카파블랑카**

1	e4	e5
2	Nf3	Nc6
3	d4	exd4
4	Nxd4	Nf6
5	Nc3	Bb4
6	Nxc6	bxc6
7	Bd3	d5
8	exd5	cxd5
9	0-0	0-0
10	Bg5	Bxc3

이상하게도 저는 과거에 이런 식의 수비를 할 기회가 없었고, 이 시점에서 무엇을 해야 할지 몰랐습니다. 일반적인 수를 두는 라인에 익숙하지 않았기 때문에 저는 자신만의 무언가를 하기로 결정했고, 신중하게 생각한 후에 꽤 안전하다고 생각되는 텍스트 무브를 두었습니다. 이렇게 하면 백이 두 개의 비숍을 갖게 되지만, 그의 폰은 허약하고 흑의 기물은 쉽게 전개될 수 있습니다. 하지만 오늘날에는 보통 10...f3를 두는데, 아마도 가장 최

선일 것입니다.

11	bxc3	h6
12	Bh4	Re8

12...Re8는 백의 13 Qf3를 막아 다음처럼 잇기 위해서였습니다. 13...g5 14 Bg3 Bg4 15 Bxc7 Bxf3 16 Bxd8 Raxd8 17 gxf3 Rc8, 이어서 ...Rxc3로 흑에게 우월한 게임이 선사됩니다.

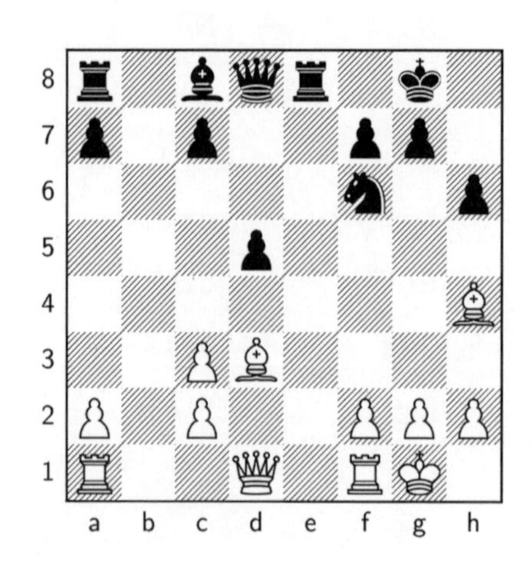

13	Qc1

이는 흑 c파일 폰의 진격을 막고 a파일 폰에 대한 공격을 통해 흑 퀸사이드 룩을 마비시키는 Qa3(추정)*를 두려는 생각입

* 원서에는 이 부분의 설명기보법 표기가 QR3로 되어 있는데, 하이픈이 빠져 있는 표현이다. 따라서 Q-R3의 오식으로 판단하여 Qa3로 기재하였다.

니다. 만약 상대가 그 모든 수를 둘 수 있었다면 이 수는 훌륭했을 테지만, 그렇게 하지 못한 만큼 c4를 두는 게 더 나았을 것입니다. 하지만 이 텍스트 무브는 백 연합의 패기가 돋보이는 수준 높은 수로, 저로 하여금 이때부터 매우 조심스러우면서도 힘 있는 운영을 하게 만들었습니다.

13	...	Qd6
14	Bxf6	Qxf6
15	Qa3	Qe7!

15...Qe7은 흑의 안전을 위해 필수적인, 백 c파일 폰의 진격을 막기 위해서입니다.

16	Qa5	c5
17	c4	Be6
18	Rfe1	Qd6
19	Rad1	

만약 19 cxd5면 19...Bxd5 20 Rad1 Qc6가 될 수 있습니다. 그러나 백은 다가오는 포지션이 유리하다고 생각하여 ...d4를 강요하고 싶어 합니다.

19	...	d4
20	Rb1	

다시, 만약 20 c3면 20...Qc6 21 Qa3 Rad8가 됩니다. 백 연합군은 여전히 자신들의 포지션이 더 나으며 이길 수 있는 자리라고 착각하고 있습니다.

20	...	Bd7
21	Rxe8+	Bxe8
22	Rb7	Bc6

흑은 공격을 얻기 위해 폰을 바치는데, 이는 충분하게 보상될 것입니다. 왜냐하면 백 기물은 방어용으로 잘 배치되어 있지 않기 때문입니다.

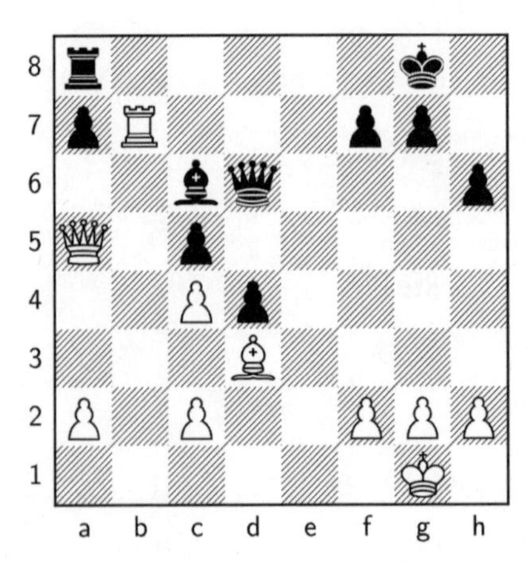

23	Qc7	Qe6
24	Rb8+	Rxb8
25	Qxb8+	Qe8
26	Qxa7	

백은 마침내 폰을 취하기로 결정합니다. 흑의 퀸사이드 폰들이 더 강한 상황 때문에 퀸을 교환하면 열등한 포지션에 놓이게 되기 때문입니다.

26	...	Qe1+
27	Bf1	Be4

27...Be4는 쉽게 이길 수 있는 ...d3를 두겠다고 위협합니다.

28	Qb8+	Kh7
29	Qe5	

여기서 백은 비길 수 있는 마지막 기회를 놓치게 됩니다. 그는 Qe8를 통해 Bd3로 이어지는 Qxe4를 위협할 수 있었습니다. 그리고 흑이 그 대응으로 29...f5를 두면 백은 h4와 h5로 흑이 멈출 수 없는 무한 체크를 위협할 수 있습니다. 왜냐하면 백 a파일 폰이 곧장 진격할 것이기 때문입니다.

29	...	f5
30	Qxc5	d3
31	cxd3	Bxd3
32	h3	Qxf1+
33	Kh2	Qc1
	백 기권	0-1

21. 퀸스 갬빗 거절*Queen's Gambit Declined*

(1914년 2월 4일 모스크바)

백: O. S. 번스타인 박사　흑: J. R. 카파블랑카

1	d4	d5
2	c4	e6
3	Nc3	Nf6
4	Nf3	Be7
5	Bg5	0-0
6	e3	Nbd7
7	Rc1	b6
8	cxd5	exd5
9	Qa4	Bb7

만약 9...c5인 경우, 백은 Qc6로 즉시 폰을 획득할 수 있습니다. 폰을 유지할 수 있을지 없을지, 흑이 그것으로부터 얻을 수 있는 이점이 있는지 여부는 잘 모르겠습니다. 확실히 이때 저는 ...Bb7이 더 낫다고 생각했습니다.

10	Ba6	Bxa6
11	Qxa6	c5
12	Bxf6	Nxf6
13	dxc5	bxc5

14	0-0	Qb6
15	Qe2	c4!

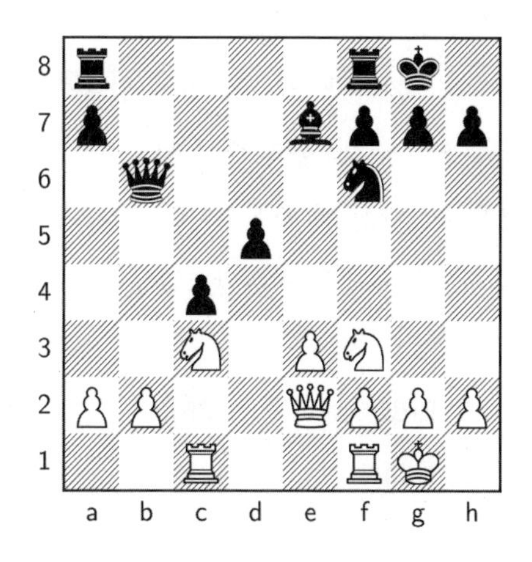

처음부터 백의 계획은 두 중앙 폰들의 약점을 기물들로 방어하는 식으로 보완하는 것이었습니다. 기물들의 일반적인 전략적 포지션 차원에서 보면, 흑의 룩들이 그들을 방어하는 두 폰의 뒤에 있는 반면 백의 두 룩은 오픈 라인을 점령하여, 동시에 e7에 있는 흑 비숍으로 하여금 어색한 위치로 인해 c5 폰을 방어하는 목적을 제외하고는 쓸모 없게 만들려는 목적이었습니다. 텍스트 무브는 백 측의 그러한 양호한 전략에 정확히 반하는 것입니다. 방어용이어야 할 흑 비숍은 긴 대각선이 열리면서 공격용 기물이 됩니다. 더 중요한 것은 백 b파일 폰이 고정되고 허약해져서 백에게 걱정거리가 되며, 그것을 기물로 방어해야 하기 때문에 흑 폰 공격에 사용할 수 없습니다. 텍스트 무브가 백의 나이트들 중 하나에게 d4 칸을 열어 준다는 사실은 중요하지 않습니다. 왜냐하면 백이 그곳에 나이트를 배치하면 흑 d파일 폰에 대

한 공격이 잠시 차단되고, 따라서 흑이 공세를 취할 시간이 생기기 때문입니다. 저는 **15...c4** 이후 백의 최고의 코스는 **e4**를 두고 무승부로 만족하는 것이었다고 믿지만, 번스타인 박사는 매우 용감한 선수이고 기회가 있다고 판단하면 항상 이기려고 노력합니다. 비록 모든 구경꾼들과 대부분의 주석자들이 흑의 마지막 수를 허약하게 여긴 게 사실이지만, 이 경우에 그는 양쪽 포지션의 상대적인 가치를 잘못 판단하였습니다.

16	Rfd1	Rfd8
17	Nd4	Bb4!

17...Bb4의 궁극적인 목적은 적절한 때에 ...Bxc3를 둬서 통과한 폰을 강제하는 것입니다. 백은 자신의 다음 수를 통해 이 임무를 더 쉽게 만듭니다.

18	b3	Rac8
19	bxc4	dxc4
20	Rc2	Bxc3
21	Rxc3	Nd5!

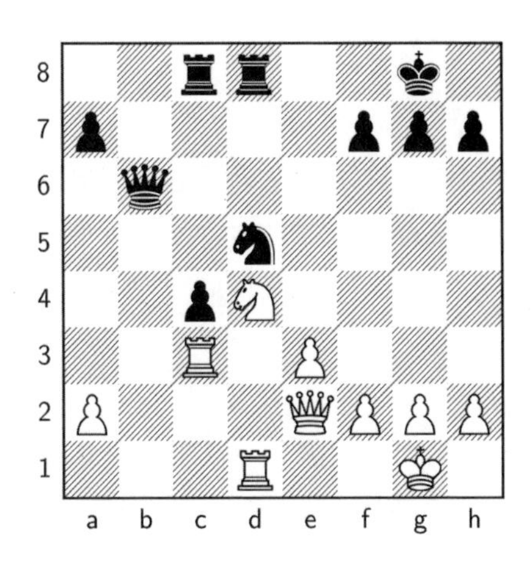

여기서 백은 흑 폰을 잡을 수 없습니다. 그러면 흑이 ...Nc3로 교환에서 이기기 때문입니다. 백이 퇴각하는 만큼 흑 폰은 전진하며, 좋은 지원과 멀리까지 가는 진격은 강력한 힘의 원천이 되기 마련입니다.

22	Rc2	c3
23	Rdc1	Rc5
24	Nb3	Rc6
25	Nd4	Rc7

제가 처음 ...Rc5를 뒀기 때문에 번스타인 박사는 치명적인 함정에 빠졌습니다. 제가 자유로운 h파일 폰을 얻기 위해 나이트들의 교환을 노리고 있다고 생각했기 때문입니다.

26	Nb5	Rc5

27	Nxc3

27 Nxc3는 치명적입니다. 그의 유일한 기회는 나이트를 돌려 보내는 것이었습니다.

27	...	Nxc3
28	Rxc3	Rxc3
29	Rxc3	Qb2!

29...Qb2에는 어떤 방어도 소용없습니다. 그리고 백은 기권했습니다.

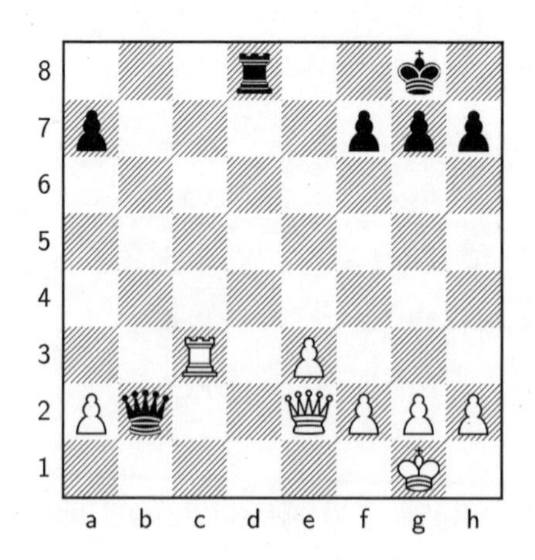

22. 포 나이츠 게임 *Four Knights' Game*

(1914년 1월 혹은 2월 리가)

백: A. **님조위치** **흑**: J. R. **카파블랑카**

1	e4	e5
2	Nf3	Nc6
3	Nc3	Nf6
4	Bc4	

평범한 수인 **4 Bb5**가 더 강합니다. 님조위치는 일반적으로 채택하는 다른 라인이 아닌 이 라인을 선택했을 때 어떤 새로운 생각을 가지고 있었을 것입니다.

4	...	Bc5

만약 **4...Bb4 5 Nd5**면 백은 우월한 게임을 얻었을 것입니다.

5	d3	d6
6	Bg5	Be6

6...Be6는 흑으로선 적절한 시기에 **...h6**와 **...g5**에 의해 백의 어두운 칸 비숍을 다시 몰아냄으로써, 그의 적수가 감당하지 못할 복잡한 상황과 알려지지 않은 가능성들로 가득한 포지션으로

게임을 이끌려는 아이디어로 둔 수입니다.

7	Bb5	h6
8	Bh4	Bb4

8...Bb4는 백의 7번째 수인 Bb5에 의해 지시된 의도인 Bxc6 이후 또는 이전에 나올 d4에 대비하기 위한 수입니다.

9	d4	Bd7
10	0-0	Bxc3
11	bxc3	g5

우리 테이블 주위 열두 명의 선택된 관중들 중에는 꽤 훌륭한 선수이기도 한 님조위치의 아버지가 있었습니다. 그리고 그들은 제가 추구하는 무모하고 인상적인 코스를 보았을 때 서로를 쳐다보았습니다. 그들은 생각했습니다. 그리고 재앙을 가져오기 위해, 특히 제 다음 수인 ...Nxe4 후, 제가 캐슬링하지 않고 킹이 아직 가운데에 있을 때 도약합니다.

12	Bg3	Nxe4

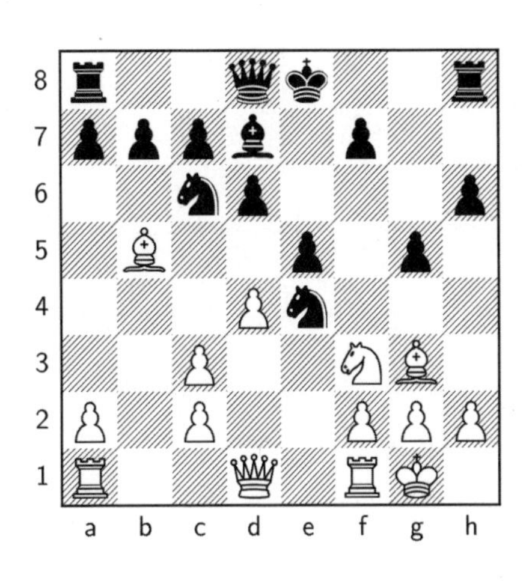

13 Bxc6

백에게 이는 공격을 지속하는 최선의 방법이 아닙니다. 기물 교환에 의해 흑이 획득한 물질적 우위와 해체된 퀸사이드 폰들을 보상하기 위해 필요한 그의 강력한 공격에 흑 킹이 끼어들지 않을 것이기 때문입니다. Qd3가 압박을 유지하는 최선의 조치였습니다.

13	…	Bxc6
14	dxe5	dxe5
15	Bxe5	

몇몇 사람들은 백에게 15 Nxe5를 제안했습니다. 그 수에는 장단점이 있지만, 어쨌든 흑은 어떤 변화수가 되었든 더 나은 게임을 내놓을 수 있습니다.

15	...	Qxd1
16	Raxd1	f6!

16...f6는 이 변형에서의 제 전술의 열쇠입니다. 저는 11...g5를 뒀을 때 ...Kf7과 함께 이 수를 두길 기다렸습니다.

17	Bd4

Bxc7은 흑 룩들이 백의 c파일 폰들에 대항할 수 있도록 c파일을 개방시킬 것입니다. 제 상대는 서로가 반대되는 색깔의 비숍들 때문에 자신이 안전한 상태라고 여겼음에 틀림없습니다.

17	...	Kf7

이제 흑 킹은 백보다 훨씬 더 유용합니다.

18	Nd2	Rhe8

저는 서로가 반대되는 색깔의 비숍들에도 불구하고 교환을 주저하지 않았습니다. 체스를 배우고자 하는 사람은 이 게임을 잘 연구해야 합니다. 이것은 제가 한 것들 중 가장 훌륭한 엔딩의 하나이며, 종종 상대가 제가 여기서 이기는 데 보여 준 기술에 표하는 경의를 접하는 큰 기쁨을 누렸습니다.

19	f3	Nxd2
20	Rxd2	Rad8
21	g4	Bb5
22	Rb1	Ba6
23	Rbd1	

23 Kf2는 안 됩니다. 왜냐하면 24...c5! 25 Be3 Rxd2+ 26 Bxd2 Re2+로 백 기물이 잡힙니다.

23	...	Re2!

아직 교환 중입니다.

24	Rxe2	Bxe2
25	Re1	Bxf3
26	Rf1	c5!

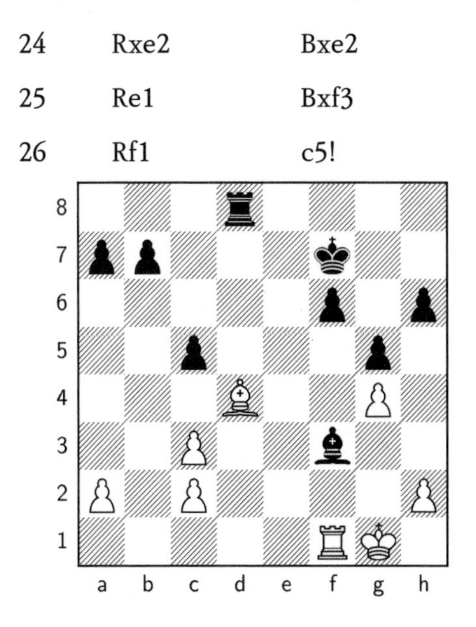

26...c5는 흑에게 유리한 수입니다. 만약 백이 27 Rxf3를 두면 27...cxd4 28 Rd3 Rc8가 되며 흑은 온갖 실용적인 목적을 가진 폰에 있어서 앞서게 됩니다. 상대는 비숍들을 대립되는 색으로 유지하기 위해 다른 라인을 선택했는데, 그렇게 하면 비길 수 있다고 생각했습니다.

27	Bxf6	Rd1
28	Be5	Rxf1+
29	Kxf1	Bxg4

엔딩은 이제 힘으로 밀어붙여서 이겼습니다. 이 경기가 열린 지 몇 달 후, 님조위치가 올 러시안 마스터스 토너먼트에 출전하기 위해 상트페테르부르크로 왔을 때였습니다. 그는 자신이 이 경기를 연구했고 마침내 엔딩에서 무승부를 낼 방법을 찾았다고 말했습니다. 저는 비록 이 경기 이후로 복기한 적이 없었지만 그에게 작은 스포츠 내기를 제안했고, 그 순간부터 어떤 포지션에서든 무승부를 거둘 수 있는 기회를 주었습니다. 제안은 즉시 받아들여졌고 우리는 자리에 앉았습니다. 몇 번의 움직임으로 그는 자신의 생각이 틀렸다는 것을 깨닫고 경기를 포기했습니다.

30	a4	Ke6
31	Bb8	a5!

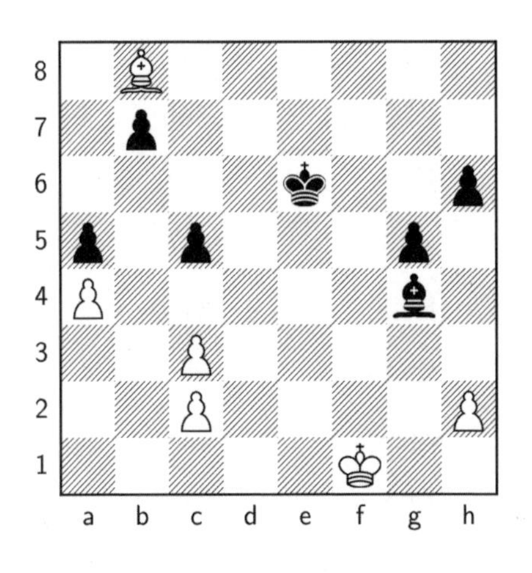

흑이 ...b5!로 승리할 수 있어서 백은 Bc7으로 흑 폰을 공격할 수 없었습니다. 백이 31 Bb8 대신 Bg7을 뒀으면, 그 다음에 a5를 둬서 무승부를 노린 것으로도 보일 수 있습니다. 하지만 백이 30 a4 대신 a3를 뒀어도, 훨씬 더 오래 걸리긴 하겠지만 결국 흑이 승리했을 것처럼, 실제로는 그렇지 않습니다.

32	Ke1	Kd5
33	Kd2	Bd7
34	Bc7	Kc6

백은 ...b6 때문에 폰을 잡을 수 없습니다.

35	Bd8	b6
36	c4	Kb7
37	Kc3	Bxa4

38	Kb2	Bd7
39	Kb3	Be6
40	Kc3	a4
41	Kd3	Kc6
42	Kc3	g4
43	Bh4	h5
44	Bg3	a3
45	Kb3	Bxc4+

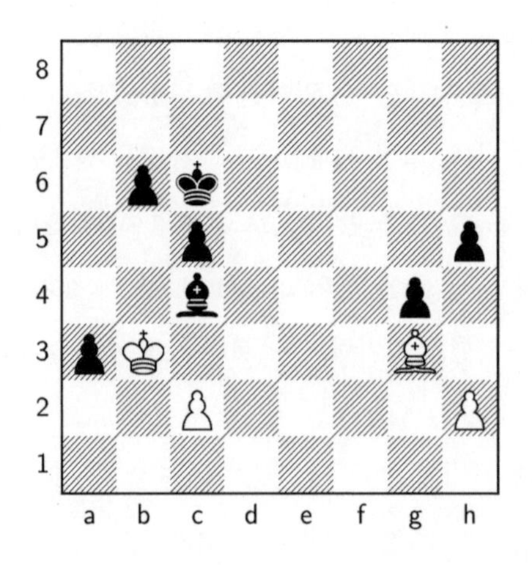

만약 지금 백이 Kxc4를 둔다면 46...a2 47 Be5 h4 48 Kb3 g3 49 hxg3 h3!로 흑의 두 룩 파일 폰들 중 하나는 퀸이 되며 흑이 승리합니다.

46	Kxa3	b5
47	c3	Kd5
48	Bf2	Be2

48...Be2는 c4에 킹을 위한 방을 만들려고 하는 수입니다.

49	Kb3	Bd1+
50	Kb2	Kc4
51	Kc1	Bf3
52	Kd2	b4
53	cxb4	cxb4
54	Bh4	Be4
55	Bf6	Bg6
56	Bh4	b3
57	Bf6	h4
58	Ke3	g3
59	hxg3	h3
60	Kf2	Bf5

60...Bf5는 백의 단독 폰의 진격을 막기 위해서입니다. 이제 흑 킹은 b파일 폰의 지원을 위해 내려와 비숍을 잡고, 다시 돌아와서 다른 폰이 승진할 수 있게끔 압박합니다.

61	g4	Bxg4
62	Kg3	Kd3
	백 기권	0-1

23. 프렌치 디펜스 *French Defence*

(1914년 3월 빈)

백: 카우프만 박사·팬드리히

흑: J. R. 카파블랑카

1	e4	e6
2	d4	d5
3	Nc3	Nf6
4	exd5	

4 exd5는 완벽하게 안전한 수이지만 백에게 어떤 이득도 주지 않습니다.

4	...	exd5
5	Bd3	c5

흑은 주도권을 잡길 원하며 그를 위해 자신의 d파일 폰의 고립에 굴복합니다.

6	dxc5	Bxc5
7	Nf3	0-0
8	0-0	Nc6
9	Bg5	Be6

10	Ne2	

10 Ne2는 좋은 기동은 아닙니다. 이 백 나이트는 곧 c3로 돌아가야 하기 때문입니다. 백은 Qd2 또는 Re1을 둬야 했습니다. 흑의 운영의 어려움은 자신의 킹사이드를 약화시키지 않고는 f6 나이트에 걸린 핀*을 제거할 수 없다는 것입니다. 그리고 그 이득을 얻는 방법은 다른 흑 기물들의 자유로운 기동을 방해하게 될 것입니다.

10	...	h6
11	Bh4	Bg4
12	Nc3	Nd4
13	Be2	Nxe2+
14	Qxe2	Bd4

저는 이 ...Bd4를 오랫동안 고려했습니다. 두 개의 비숍을 유지하고 싶었지만, 안전하게 그렇게 할 수 없었습니다. 그렇게 하려면 제 d파일 폰의 중요한 약점 외에 킹사이드에도 약점을 만들었을 ...g5를 두는 방법밖에는 없었기 때문입니다. 텍스트 무브는 백의 폰 대형에 약점을 만들거나, 그게 실패한다면 백의 성가신 핀을 제거하는 동시에 흑 기물들의 완전한 자유를 얻는 것을 목표로 합니다.

* 장거리 공격 기물로 공격을 받은 기물이 뒤에 자신보다 더 큰 가치의 기물이 있어서 움직이기 어려운 상태.

15	Qd3	Bxc3
16	Qxc3	Ne4!
17	Qd4	g5
18	Ne5	

만약 18 Bg3라면, 흑은 18...Bf5나 18...Bxf3를 둬서 19 gxf3 Qf6로 무승부로 이끌 수 있습니다. 백은 흑 킹과 허약한 d파일 폰의 노출된 포지션을 고려하여 확실하게 이기기 위한 게임을 하고 있습니다.

18	...	Bf5

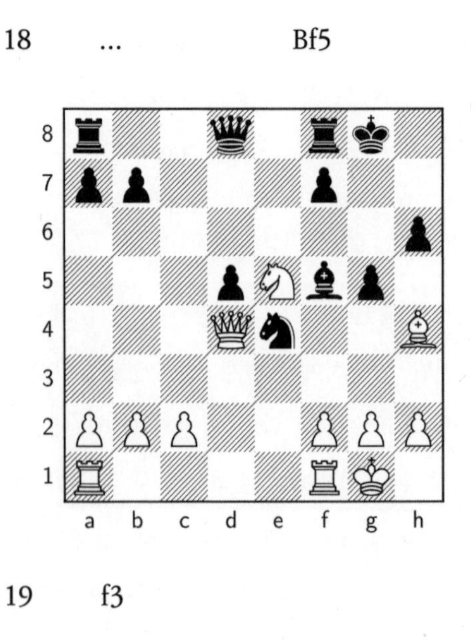

19	f3

백 연합군은 여전히 자신들의 포지션이 더 낫다는 인상을 받으며 게임을 하고 있습니다. 그렇지 않았다면 Bg3를 둬서 다

음 변형으로 이어졌을 것입니다. 19 Bg3 Nxg3 20 fxg3 Bxc2 21 Ng4 f5 22 Ne3 Be4 23 Rad1 Qb6! 24 Nxd5 Bxd5 25 Qxb6 axb6 26 Rxd5 Rxa2로 백은 매우 미세한 우위를 갖게 됩니다.

19	...	gxh4
20	fxe4	Bxe4
21	Rf2	

만약 21 Ng4면 ...f5!로 응수.

21	...	h3!

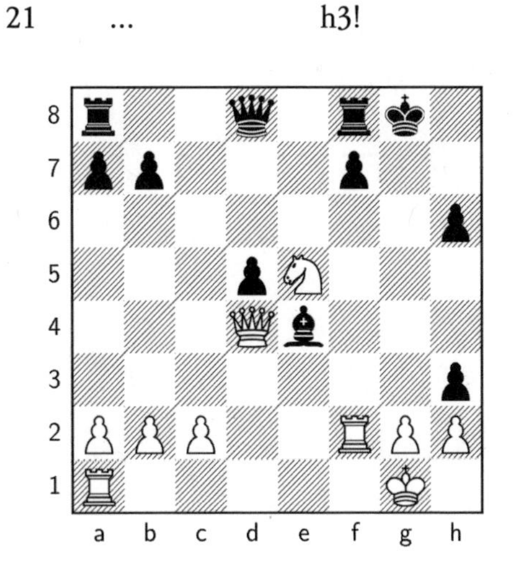

h파일의 흑 더블 폰은 백 킹사이드 폰들을 해체하고 흑의 기물들을 위한 라인을 여는 확고한 역할을 하며, e4 비숍을 전능하게 만듭니다. 백이 이 폰을 잡으면 흑은 엔드게임에서 통과한

폰을 가질 수 있게 되어 사실상 폰에서 앞서게 됩니다. 저는 이 수의 강력한 위력을 통해 마침내 게임에서 승리했다고 말할 수 있습니다.

22	Re1	f5
23	gxh3	

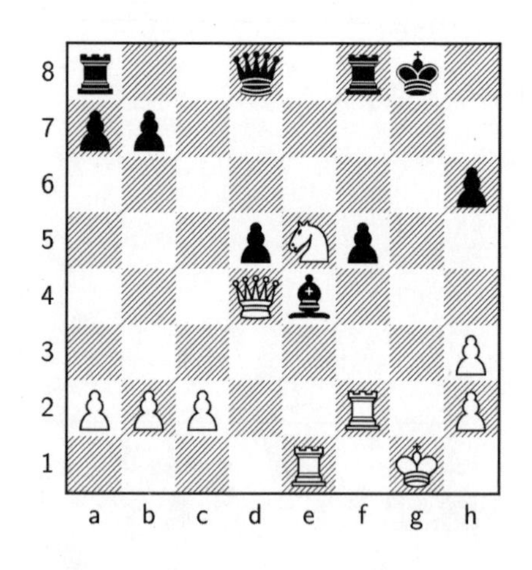

23	...	Qf6

...Kh7이 옳은 수였습니다. 텍스트 무브는 당시에는 흑이 큰 어려움 없이 승리할 것이라고 생각하게 만들었지만 주의 깊게 분석하면 그렇지 못하게 만드는 변형에 노출시켰습니다. 사실, 흑은 절대 이길 수 없습니다. 예를 들어 24 Rxe4 dxe4 25 Rg2+ Kh8 26 Rg6 Rg8 27 Nf7+ Kh7 28 Qxf6 Rxg6+ 29 Ng5+ Rxg5+ 30 Kf2가 있습니다.

24	Nf3	Kh7

백은 앞선 설명에서 지적했듯이 기회를 놓쳤습니다. 다가오는 엔드게임이 매우 어렵기 때문에 지금부터 각각의 움직임을 주의 깊게 연구해야 합니다. 그것은 제가 할 수 있는 최선의 수들이었다고 생각합니다.

25	Qxf6	Rxf6
26	Re3	Rb6!

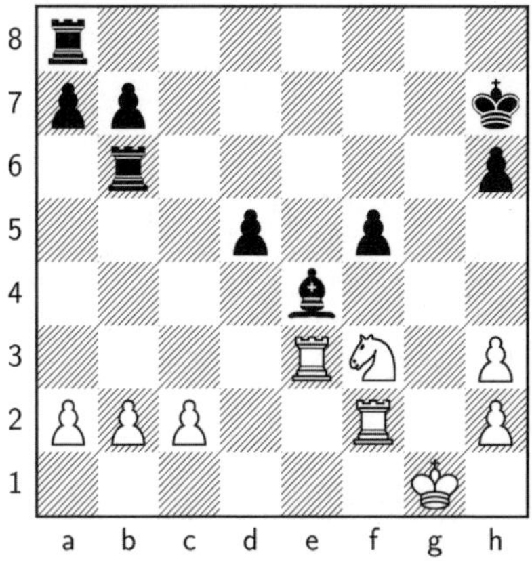

매우 정교한 계획의 시작인 26...Rb6의 첫 번째 목적은 백의 퀸사이드 폰들 중 하나를 전진시켜 백 룩의 흑 퀸사이드 폰 공격 및 자유로운 기동을 할 수 없도록 만드는 것입니다. 설명에 여러 쪽이 필요할 다른 많은 포인트들은 게임에서 나오는 수들에 의해 자연스럽게 드러날 것입니다.

27	b3	Rc8

27...Rc8는 백 룩의 c3행을 막기 위한 수입니다. 그와 함께 이뤄지는 c파일 백 폰에 대한 공격은 d4에 백 나이트를 붙들고 백 룩이 폰을 방어하게끔 합니다.

28	Nd4	Rf6
29	Rf4	Kg6

백의 f파일 폰이 전진하도록 압박하는 것이 흑의 계획의 일부입니다. 만약 30 Rf2면 f파일의 흑 폰은 곧 전진하고 흑 룩은 f3로 이동합니다.

30	c3	Kg5
31	Ne2	Ra6

계획은 완숙한 단계에 접어들었고 백은 a4를 둬야 하며, 흑은 이를 ...b5!를 통해 돌파할 수 있습니다.

32	h4+	Kf6
33	a4	b5!

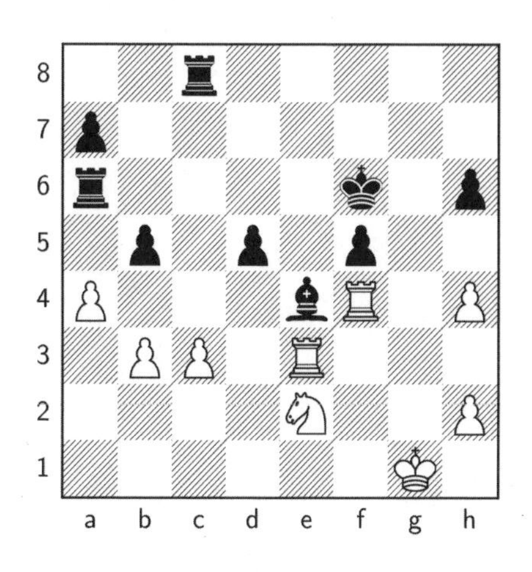

이제 흑 룩이 통과하고 흑 킹이 중앙으로 나아갈 때, e4에 있는 흑 비숍의 막강한 힘이 명백해집니다. 흑의 통과한 f파일 폰이 곧 진격하여 경기는 끝날 것입니다.

34	axb5	Ra1+
35	Rf1	

만약 35 Kf2면 흑은 ...Ke5에 이어서 ...Ra2를 통해 ...Rxe2와 ...Kxf4가 가능하다고 위협할 수 있습니다.

35	...	Rxf1+
36	Kxf1	Ke5
37	Nd4	f4
38	Rh3	Rg8
39	Ke1	Rg1+

40	Ke2	Rg2+
41	Kf1	Rb2
42	Ke1	h5

이제 백 킹은 d1으로 이동해야 합니다. 그리고 나이트를 비숍과 강제로 교환한 후에는 흑의 통과한 f파일 폰을 멈출 수 없습니다.

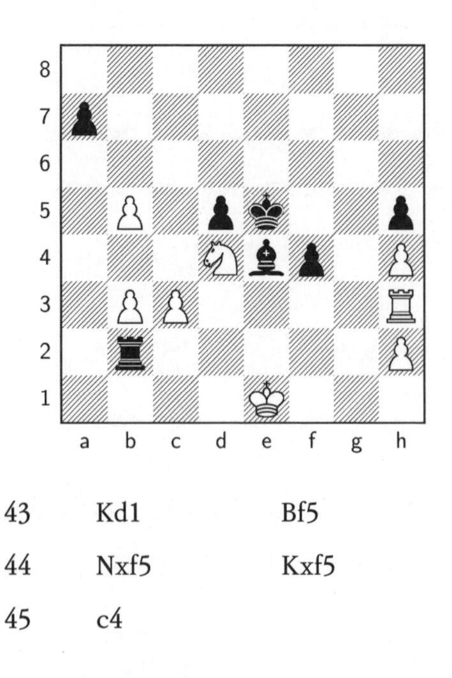

43	Kd1	Bf5
44	Nxf5	Kxf5
45	c4	

만약 45 Rd3면 45...Ke4 46 Rd4+ Ke3 47 Rxd5 f3 48 Re5+ Kf4 49 Re7 f2 50 Rf7+ Ke3가 되어 최종적으로 백은 f파일 폰을 잡기 위해 자신의 룩을 포기해야 합니다.

45	...	Ke4
46	Rc3	f3
47	Ke1	d4
	백 기권	0-1

1914년 대大 상트페테르부르크 토너먼트

토너먼트가 시작되기 며칠 전, 번스타인 박사, 알레킨과 저는 상트페테르부르크체스클럽의 부사장(소스니츠키Sossnitzki 씨)의 집에서 다음과 같은 대화를 나눴습니다.

번스타인 박사: 음, 카파, 힘든 토너먼트가 될 거야. 어떻게 생각하나? 세 사람(라스커, 루빈스타인, 그리고 저) 중 한 명이 우승하게 될 텐데. 누구라고 생각해?

카파블랑카: 루빈스타인이지 않을까요.

번스타인: 왜? 라스커는 연습이 좀 부족하지만, 너는?

카파블랑카: 루빈스타인은 건강 상태가 좋고 이번 대회를 오랫동안 준비해 왔어요. 말씀하신대로, 라스커는 확실하지 않습니다. 왜냐하면 연습이 좀 부족하기 때문이죠. 그리고 저는 상태가 아주 좋지 않습니다. 지금 건강이 안 좋아서 2위만 해도 만족합니다.

결과적으로, 루빈스타인은 형편없이 실패했고, 라스커와 제가 끝까지 싸워야 했습니다. 루빈스타인처럼 라스커가 중도하차 직전까지 가는 동안 저는 출발부터 선두를 질주했습니다. 알레킨은 여러 차례 준우승을 위협했지만 결정적인 순간에 실패했고, 더 나은 경기를 펼친 후 매우 안 좋은 전술로 라스커에게 패했습니다. 저는 1포인트 차로 앞서고 있었지만 결국 막바지에는 지쳐서, 페이스를 맞추지 못하고 1등상을 0.5점 차로 놓쳤습니다.

라스커는 13.5포인트로 1위, 저는 13포인트로 2위, 그리고 알레킨은 10포인트로 3위였습니다. 저의 좋지 않은 몸 상태와 결승에서의 라스커의 뛰어난 폼이 말해 주는 바, 어쨌든 우리가 다른 경쟁자들 위에 서 있다는 것이 명백해졌고, 한 번의 대전으로 둘 중 누가 더 나은지를 결정할 수 있었습니다. 저는 시합을 되도록 빨리 가졌으면 좋겠다고 생각했는데, 왜냐하면 노인이 되어 경기하는 것을 원치 않았고, 풍부한 능력을 갖춘 마스터가 되고 싶었기 때문입니다. 8년 전에 그에게 처음으로 도전했는데, 아직 그와의 경기를 갖지 못한 것은 제 잘못이 아니었습니다.

다음은 토너먼트 기간 동안 가장 잘한 두 경기입니다.

24. 퀸스 갬빗 거절*Queen's Gambit Declined*

(1914년 4월 상트페테르부르크 인터내셔널 토너먼트)

-최우수상First Brilliancy Prize 수상

백: J. R. **카파블랑카** **흑:** O. S. **번스타인 박사**

1	d4	d5
2	Nf3	Nf6
3	c4	e6
4	Nc3	Nbd7
5	Bg5	Be7
6	e3	c6

6...c6와 몇 가지 후속 수들은 번스타인 박사에 의해 주의 깊게 연구된 방어 시스템을 구성합니다. 그는 모스크바에서 가진 우리의 두 게임 중 하나에서 이미 이 방법을 사용했습니다. 지난 경기에서는 제가 퀸사이드 비숍을 꺼내지 못해 오프닝에서 최악의 상황을 겪은 후 무승부로 끝났습니다.

7	Bd3	dxc4
8	Bxc4	b5
9	Bd3	a6
10	e4	e5

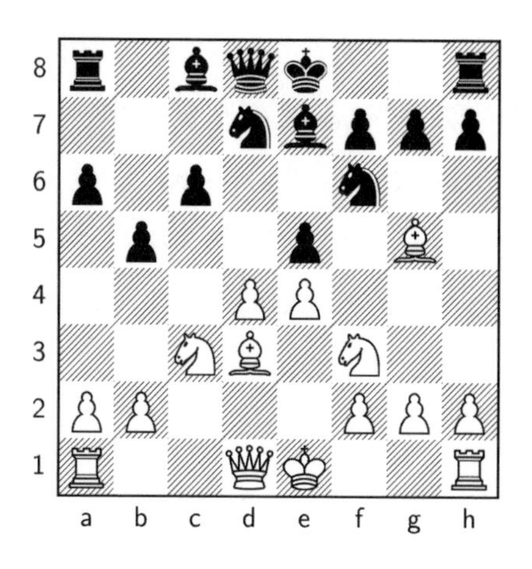

흑의 모든 것은 앞의 설명에서 언급한 시스템의 일부이지만, 오프닝의 원칙에 어긋나기 때문에 잘못될 수밖에 없습니다. 반면에 백은 건전한 전개 노선을 엄격히 수행하며 곧 적의 계획이 가진 약점을 드러나게 할 것입니다.

11	dxe5	Ng4
12	Bf4	Bc5
13	0-0	Qc7

흑은 백의 **e6** 때문에 **…Qe7**을 둘 수 없습니다. 어쨌든 그것이 번스타인 박사의 설명이었습니다.

14	Rc1	f6
15	Bg3	fxe5

흑이 폰을 보상받았지만 상황을 살펴보면 백이 압도적인 포지션을 차지하고 있다는 것을 알 수 있을 것입니다. 백의 모든 기물들은 현재 진행 중이며 일부는 수비에, 일부는 공격 위치에 있고, 비숍이 별 쓸모가 없어 보이는 것조차 곧 매우 쓸모 있게 변할 것입니다. 흑이 병력을 배치하기 전에 포지션을 이용하는 것은 이제 백에게 달려 있습니다.

16 b4!

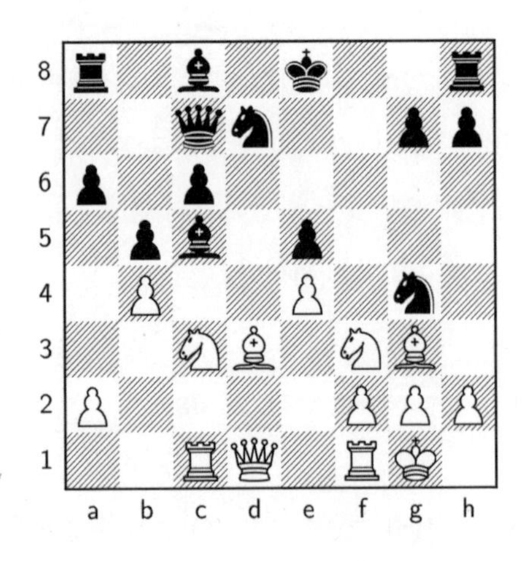

16 ... Ba7

면밀한 분석을 거치면 흑이 백의 Nd5 때문에 b파일 백 폰을 안전하게 못 잡는다는 것을 알 수 있습니다. 백의 16수의 목적은 달성되었습니다. 흑 비숍은 더 이상 두 개의 대각선, 즉 한 개의 공격선과 다른 하나의 방어선을 보유하지 않고 오직 한 개의 대각선만을 보유하며, 흑 킹의 방어력을 약화시켰기 때문에 백으로선 지금이 공격을 계속할 때입니다.

17	Bxb5!	axb5
18	Nxb5	Qd8
19	Nd6+	Kf8
20	Rxc6	Nb6
21	Bh4!	

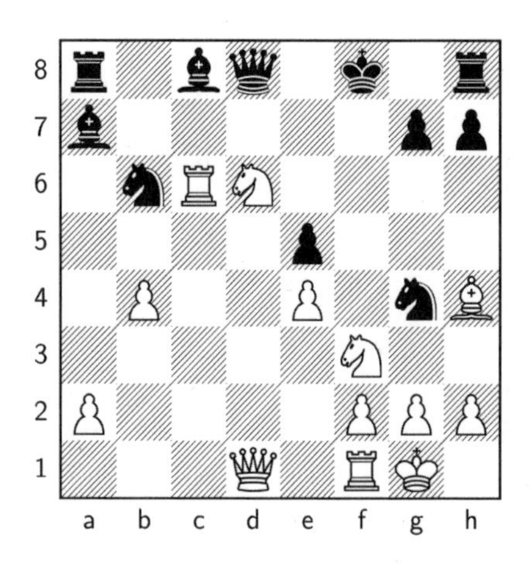

비록 모든 주석자들이 그 사실을 간과했지만, 제 생각에 21 Bh4는 게임에서 가장 훌륭한 수입니다. 이것을 만들기 전에 저는 적어도 총 100개의 수를 두는 많은 콤비네이션들을 헤쳐 나아가야 했습니다. 텍스트 콤비네이션도 그 중 하나인데, 저는 이 동작을 결정하기 전에 모든 것을 끝까지 꿰뚫어 봐야 했습니다. 그렇지 않았다면 단순한 연속수인 21 Nxe5가 채택되었을 것입니다.

21	...	Qd7
22	Nxc8!	Qxc6
23	Qd8+	Qe8

만약 흑이 23...Kf7을 두면 24 Nd6+에 흑 킹이 이동하고 백이 메이트를 겁니다.

24	Be7+	Kf7
25	Nd6+	Kg6
26	Nh4+	Kh5

만약 ...Kh6면 27 Ndf5+ Kh5 28 Nxg7+ Kh6 29 Nhf5+ Kg6 30 Qd6+, 그리고 다음 수에 백이 메이트 합니다.

27	Nxe8	Rxd8
28	Nxg7+	Kh6
29	Ngf5+	Kh5
30	h3!	

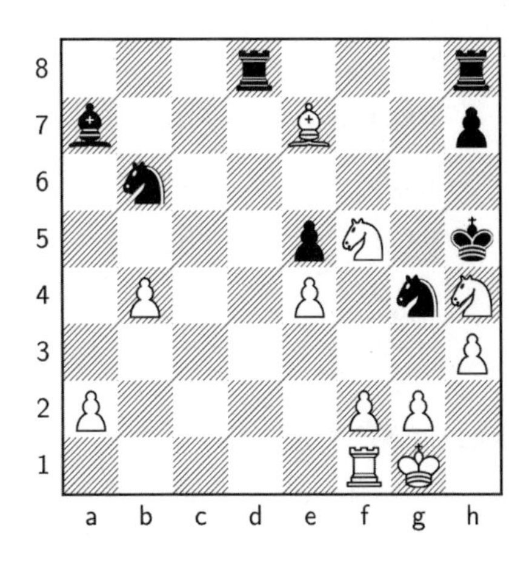

이 콤비네이션의 클라이맥스는 21 Bh4로 시작되었습니다. 백은 여전히 메이트를 위협하며, 흑이 이를 피하는 가장 좋은 방법은 앞서고 있는 모든 재료를 돌려주고 폰 세 개가 뒤처지는 것입니다. 저는 이것이 가장 긴 콤비네이션 중 하나이며, 관련된 기물의 수와 다면성과 복잡함을 모두 고려한다면 맞설 만한 사례를 찾기 어려우리라 믿습니다. 개인적으로 저는 이 콤비네이션이 제가 산세바스티안에서 같은 번스타인 박사에 대항하여 진화시킨 것만큼 어렵고 수준 높다고 생각하지는 않습니다. 하지만 그보다 확실히 더 길거나 적어도 많은 단계에서 더 작품답습니다. 그리고 마지막 수로 도달한 포지션은 실제 게임이라기보다는 풀어야 할 문제에 가깝습니다. 제가 이 게임에서 너무 오래 머무른다고 해도 용서를 바라겠습니다. 하지만 이것은 제가 걸작에서 필수적이라고 생각하는 논리적이고 분석적인 요구 사항을 준수하기 때문에 저의 예술적 감각에 크게 어필합니다.

30	...	Nc8
31	hxg4+	Kxg4
32	Bxd8	Rxd8
33	g3	Rd2
34	Kg2	Re2

만약 34...Rxa2면 Nf3로 응수.

35	a4	Nb6
36	Ne3+	Kh5
37	a5	Nd7
38	Nhf5	Nf6
39	b5	Bd4
40	Kf3	Ra2
41	a6	Ba7
42	Rc1	Rb2
43	g4+	Kg5
44	Rc7	

흑은 여기서 기권할 수 있었습니다.

44	...	Rxf2+
45	Kxf2	Nxg4+
46	Kf3	기권

25. 포 나이츠 게임 *Four Knights' Game*

(1914년 상트페테르부르크 인터내셔널 토너먼트)

	백: A. 님조위치	흑: J. R. 카파블랑카
1	e4	e5
2	Nf3	Nc6
3	Nc3	Nf6
4	Bb5	d6
5	d4	Bd7
6	Bxc6	Bxc6
7	Qd3	exd4
8	Nxd4	g6

님조위치가 잘 알고 있는 이 방어의 정석적인 형태에서 벗어나 백이 자원을 투입하게 만들려는 의도에서 순간적인 충동에 이끌려 새로운 아이디어가 나왔습니다.

9	Nxc6	bxc6
10	Qa6	Qd7
11	Qb7	Rc8
12	Qxa7	Bg7
13	0-0	0-0

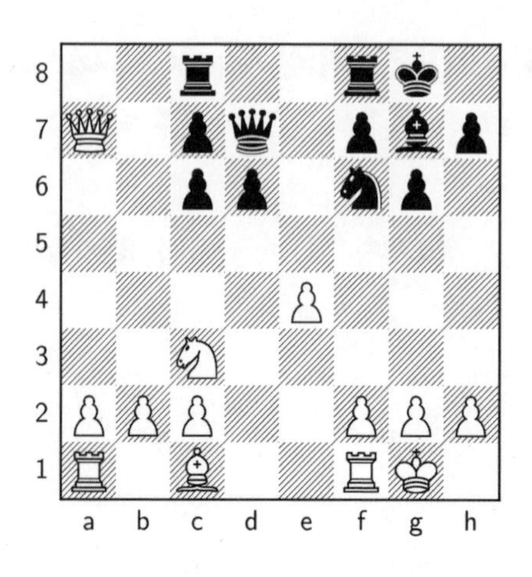

흑은 백보다 폰이 뒤지지만 그의 모든 병력은 현재 배치되어 기동할 준비가 되어 있는 반면, 폰을 얻기 위해 퀸을 세 번 움직인 백의 전개는 매우 낙후되어 있습니다. 님조위치가 지금 최선의 행마를 보이지 못한 것은 사실입니다. 하지만 비평가들 중 어느 누구도 만족스러운 라인을 제시하지 못한 이번 경기에서의 패배에 대해 부당한 비난을 받았다고 믿습니다. 그들은 모두 여기저기의 수들을 제안했지만, 위대한 마스터들의 게임은 단 한 번의 수로 진행되는 것이 아니라 공격과 수비의 일치된 계획에 의해 진행되어야 합니다. 그들은 그것을 보여 주지 못했습니다.

14	Qa6	Rfe8
15	Qd3	

이로써 지금까지 열다섯 번의 수 중 여섯 번째로 백 퀸이 움직였습니다. 백의 계획은 분명 자신의 포지션을 공고히 하여 마침

내 여분의 폰으로 승리하는 것입니다. 그러나 그는 흑의 계획에 대해 최선의 조치를 취하지 않습니다. 흑은 자신의 룩들을 오픈 라인에 배치하고, 가능하면 c4에 자신의 나이트를 데려와서, 필요한 시기에 백 퀸사이드 나이트와 a파일 폰에 대하여 비숍, 두 룩과 나이트, 그리고 퀸의 복합적인 압박을 통해 그의 자산을 보상받고자 합니다. 이 경우의 계획은 e파일 폰에 대한 직접적인 공격으로 감춰집니다.

15	...	Qe6
16	f3	Nd7

이제 흑 비숍의 길이 열렸고 흑 나이트는 퀸사이드 나이트와 a파일 폰에 대한 공격을 위해 퀸사이드로 오겠다고 위협합니다. 백이 더 이상 좋은 방어선을 가지고 있는지 의심스럽습니다. 어쨌든, 저는 그가 바랄 수 있는 최선의 결과는 무승부라고 믿습니다.

17	Bd2	Ne5
18	Qe2	Nc4
19	Rab1	Ra8

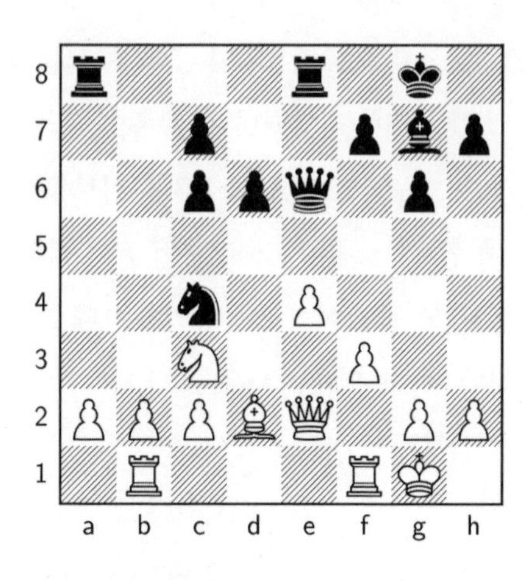

흑의 진짜 공격이 시작됩니다. 그 결과 흑은 기반을 잃지 않고 폰을 보상받게 됩니다. 이제 백이 20 b3를 두면 20...Nxd2 21 Qxd2 Ra3가 되고 백 a파일 폰은 망가질 수밖에 없습니다. 그러나 백은 이보다 더 좋은 것이 없으므로 이 노선을 채택해야 했습니다.

20	a4	Nxd2
21	Qxd2	Qc4
22	Rfd1	Reb8
23	Qe3	Rb4
24	Qg5	Bd4+
25	Kh1	Rab8
26	Rxd4	

26 Rxd4는 흑이 언제라도 ...Bxc3로 위협할 수 있기에 강제

적인 수입니다.

26	...	Qxd4

흑은 이제 교환에서 앞서고 곧 폰을 탈환할 것이기에 나머지 게임은 아무런 언급이 필요하지 않습니다. 그저 시간 문제일 뿐입니다.

저는 포지션 플레이의 예로 이 게임을 선택했습니다. 여기서 겉으로 보기에 단순한 움직임은 매우 복잡한 성격을 지니고 있으며, 그들은 모두 사전에 구축된 계획을 따르는 것입니다. 그러한 게임은 사실 가장 수준 높고 어려운 유형이며, 오직 전문적인 감식가만이 충분히 감상할 수 있습니다.

27	Rd1	Qc4
28	h4	Rxb2
29	Qd2	Qc5
30	Re1	Qh5
31	Ra1	Qxh4+
32	Kg1	Qh5
33	a5	Ra8
34	a6	Qc5+
35	Kh1	Qc4
36	a7	Qc5
	백 기권	0-1

산세바스티안에서 상트페테르부르크까지의 이 시기를 되돌아 보면 점차적인 발전을 확인할 수 있을 것입니다. 엔딩은 계속 높은 수준이고, 상상력은 최대 범위에 도달했으며, 화려한 콤비네이션과 개념이 규칙처럼 쓰였습니다. 오프닝은 기존보다 훨씬 더 잘 진행되었기에, 사실 게임의 어느 부분에서도 특별한 약점은 없어 보입니다. 체스 마스터로서 제가 가진 능력의 정점에 도달했다고 말할 수 있을 듯합니다. 앞으로는 경험을 통해 조금 더 실력을 올릴 수 있고, 스타일은 그에 따라 다소 변경될 수 있을 것입니다. 하지만 제가 어떤 방식으로든 얻을 수 있는 게 있으면 다른 부분에서는 그에 상응하는 손실을 보여 주리라 확신합니다. 저는 승리하기가 더 어려워질 수도 있겠지만, 강력한 저항을 극복하는 경향 또한 사라질 것입니다. 단지 오프닝에서는 아직 배워야 할 많은 것들이 있는데, 이것은 향후에 보게 될 것처럼 곧 완성될 것입니다. 만약 이 논설을 계속 쓸 수 있다면, 앞으로 제 플레이에 대한 관심은 주로 게임의 특정 단계를 완성할 수 있는지, 또는 얼마나 멀리까지, 그리고 어떤 방식으로 그것이 플레이 스타일에 영향을 줄 것인지에 집중될 것입니다. 어떤 게임들에서 보여 주듯이, 미래에는 과거의 탁월함을 잃지 않으면서도 단순미가 증가하는 경향이 명백할 것입니다.

8장
라이스 메모리얼 토너먼트까지

1914년 7월에 남미로 가기 위해 상트페테르부르크를 떠났습니다. 베를린과 파리에서 며칠을 머무른 후, 셰르부르에서 부에노스아이레스행 기선을 탔습니다. 대양에 있을 때 전쟁*이 일어났지만, 한두 번의 짜릿한 경험 끝에 무사히 목적지에 도착했습니다. 이 두 번째 방문 동안 소위 탁월하다고 할 수 있는 게임을 몇 번 했습니다. 상대방의 경험이 부족했기 때문에 한 기물 이상의 희생을 통해 승리가 가장 잘 보장되는 포지션을 얻는 것이 가능했습니다. 아래에 예를 하나 들겠습니다. 이 게임은 아마추어 애호가와 전문적인 감식가 모두를 즐겁게 하리라고 확신합니다.

---

* 제1차 세계 대전.

26. 킹스 갬빗 거절 *King's Gambit Declined*

(1914년 9월 17일 부에노스 아이레스)

백: J. R. 카파블랑카

흑: L. 몰리나Molina·E. 루이즈Ruiz

1	f4	e5
2	e4	Bc5
3	Nf3	d6
4	Nc3	Nc6
5	Na4	Bb6
6	Bb5	Bd7
7	Nxb6	axb6
8	d3	Nge7
9	0-0	0-0
10	f5	f6
11	Bc4+	Kh8
12	a3	

12 a3는 흑의 ...Na5에 맞서 백 비숍이 안전하게 퇴각하기 위해 둡니다.

12	...	Be8
13	Be6	

13 Be6는 흑의 ...d5에 대비하기 위해서이며 exd5에 이어 d4로 응수하게 됩니다.

13	...	Bh5

매우 좋은 수입니다. 그리고 ...Bf7은 좋지 않습니다. 왜냐하면 백으로선 Bxf7에 이어서 Nh4로 매우 강력한 공격이 가능하기 때문입니다.

14	Qe1	Qe8

백 퀸이 이전과는 달리 더 이상 h5로 갈 수 없는 위치가 됐기 때문에, 흑은 여기서 ...Bf7을 둬야 했습니다.

15	Qh4	Nd8
16	Ba2	Bf7
17	c4	c5

아주 적절한 흑의 최선의 수는 17...b5였습니다.

18	g4	Ng8
19	Bd2	b5
20	g5	fxg5
21	Nxg5	Nf6

22	Rf3	bxc4

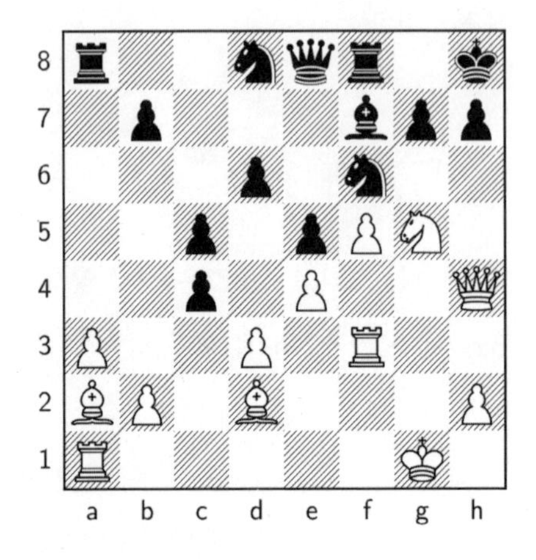

23	Nxh7!

23...h6 24 Nxf7+ Nxf7 25 Bxc4 d5!가 될 수 있는 23 Rh3보다 나은 수입니다. 저는 감히 극소수의 마스터들만이 이러한 희생 플레이를 할 수 있으리라고 생각합니다. 이는 매우 강력한 콤비네이션 실력을 필요로 할 뿐만 아니라, 훨씬 더, 아주 정확한 판단을 필요로 합니다. 매우 신중하게 분석하면 이 희생의 절대적인 건전성이 증명될 것입니다.

23	...	Nxh7
24	Rh3	Bg8

24...Bh5도 마찬가지였습니다. 그러면 백은 Qxh5로 유리해질 수 있지만, 아직까지는 Bxc4가 더 나을 수도 있습니다.

25	Bxc4	

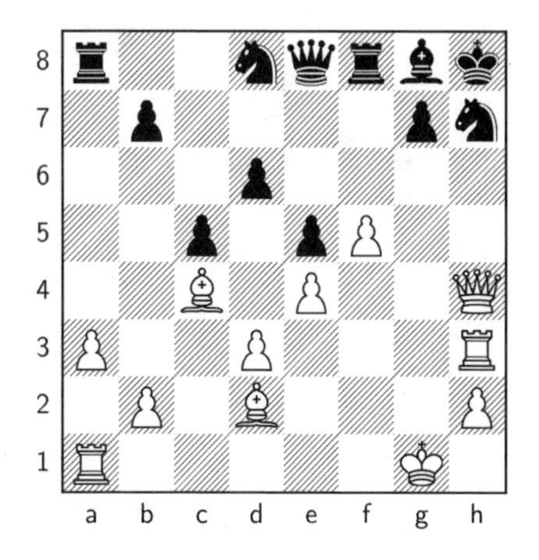

의심할 여지없이 25...Nf7이 옳은 대응으로 보입니다. 그러나 그러면 백은 Rg1을 두기 위한 연속수로서 Kh1을 둘 수 있습니다. 즉 다음과 같은 공격을 통해 게임은 빠르게 진행될 수 있었습니다. 26 f6! g5 27 Qh5 Nd8 28 Qh6! Rf7 29 Bxg5 Qf8 30 Kh1! Qxh6 31 Bxh6 Rxf6(만약 ...Nxf6면 Rg1) 32 Rg1.

25	...	Rf7
26	Kh1	b5
27	Bd5	Raa7
28	Rg1	Rf6
29	Bg5	Raf7

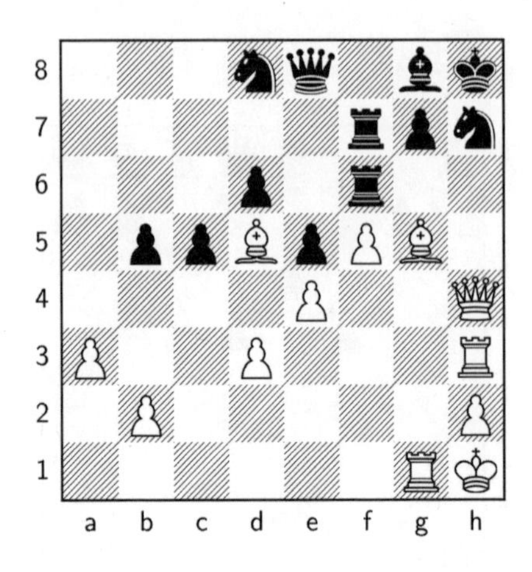

30	b3!

이제 흑 기물들은 핀에 걸렸고, 백은 통과한 폰을 획득하여 게임에서 승리합니다.

30	...	Qf8
31	a4	bxa4
32	bxa4	Qe8
33	a5	Nc6
34	a6	Nb4
35	Bxf6	Nxd5

물론 35...Rxf6면 36 Qxf6 gxf6 37 Rxg8+ Qxg8 38 Bxg8 Kxg8 39 a7으로 백의 승리.

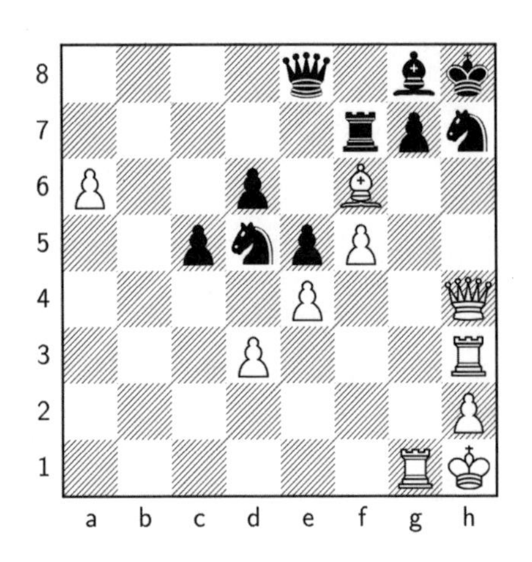

36	Bxg7+	Rxg7
37	Rxg7	Kxg7
38	Qh6+	Kh8

38...Kf2도 더 나을 게 없습니다. 백은 세 가지 또는 네 가지 방법으로 이길 수 있으며, 그 중 39 Rg3가 가장 강해 보입니다. 그러면 39...Ke7 40 Rg7+ Bf7 41 Qe6+ Kf8 42 Rxf7+ Qxf7 43 Qxf7+ Kxf7 44 exd5로 승리합니다. 백에게 남은 것은 퀸과 룩뿐이지만, 흑이 기물 두 개가 앞서면서도 속수무책이라는 점에서 이 포지션은 매우 주목할 만합니다.

39	Qxd6

그리고 몇 번 더 움직인 후에 흑은 기권했습니다.

약속한 기간이 끝난 후 부에노스 아이레스에 두어 달 동안 머물렀습니다. 독일 침공군은 큰 피해를 입혔고, 모든 기선들은 영국 국기를 달고 있었으며, 아무런 보호도 받지 못했습니다. 저는 결국 아르헨티나 외교부와 해양부 장관들 각각의 호의를 통해, 미국 필라델피아로 가는 아르헨티나 수송선 중 하나에 탑승하여 1915년 1월 16일에 도착할 수 있었습니다. 그리고 곧 더블 라운드 토너먼트가 조직된 뉴욕으로 갔습니다. 그것은 4월 19일에 시작되었는데, 제 기억이 맞다면 6년 전에 마셜과의 경기가 시작되었던 바로 그 날짜였습니다. 12승 2무로 손쉽게 1위를 차지한 만큼, 그것은 좋은 징조였을 것입니다. 토너먼트에서 우승한 직후, 6월 초에 탬파Tampa와 아바나로 떠났고, 11월까지 고향 도시에 머물렀습니다. 그리고 라이스 메모리얼 마스터스 토너먼트에 참가하기 위해 뉴욕으로 돌아왔습니다.

이 토너먼트는 큰 규모였던 상트페테르부르크와 다소 비슷한 경로로 진행되었습니다. 페테르부르크 토너먼트, 즉 예선 1라운드 토너먼트에서 가장 높은 점수를 받은 네 명의 선수가 최종 1라운드 토너먼트에서 만나 네 개의 상을 받게 됩니다. 예선전에서 얻은 점수는 결승전에 반영되었습니다. 14명의 선수가 참가했지만, D. 야노프스키와 저를 제외하고는 국제적인 명성을 가진 선수는 하나도 없었습니다. 토너먼트가 진행되면서 결승에 오를 때쯤에는 득점이 너무 높아서 마지막 토너먼트에서 모든 경기를 져도 1위 자리를 놓칠 수가 없었습니다. 그러한 현상은 저로 하여금 어느 누구의 기회도 망치고 싶지 않게 했고 상대방이 제 기술에 도전했을 때를 제외하면 언제든지 무승부를 받아

들일 준비가 되어 있었기 때문에, 마지막 섹션에서 수동적으로 경기를 하게 만들었습니다. 1915~1916년 기간에서, 비록 매우 다른 타입이지만, 같은 마스터의 손길을 보여 주는 특정하고도 뚜렷한 특징을 가진 네 개의 게임을 제시합니다. 계획은 견고한 라인으로 넓게 세워지고, 시야는 트였으며, 대부분의 콤비네이션들은 길든 짧든, 그리고 다른 기동들과 마찬가지로 또 다른 전략적인 계획을 수행하기 위한 전술적인 수단일 뿐입니다. 체스 마스터가 가지는 최고의 능력인 전체적인 구상은 계획이 정확하게 실행되는 것으로 보이는 아래 예에서 유리한 것으로 드러납니다.

27. 루이 로페즈 *Ruy Lopez*

(뉴욕 마스터스 토너먼트)

백: J.R. 카파블랑카 흑: O. 차제스Chajes

1	e4	e5
2	Nf3	Nc6
3	Bb5	a6
4	Ba4	Nf6
5	0-0	Nxe4
6	d4	b5
7	Bb3	d5
8	dxe5	Be6
9	c3	Be7
10	Nbd2	Nc5
11	Bc2	d4
12	Ne4	dxc3
13	Nxc5	Bxc5
14	Be4	Qd7
15	bxc3	

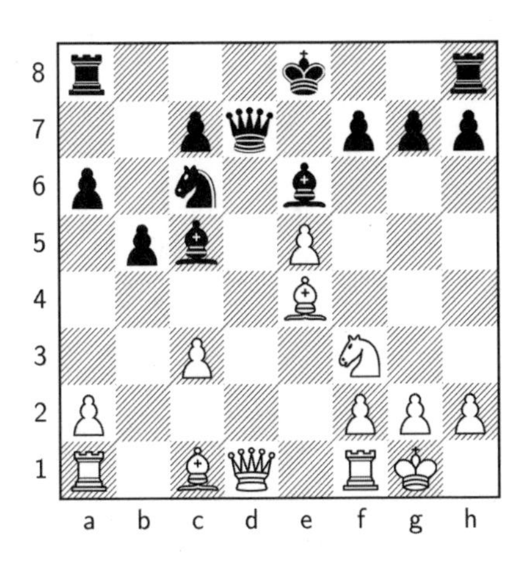

저는 11...d4 변형에 대한 분석을 몇 달 전에 발표했었습니다. 그리고 백이 더 나은 게임을 얻기 위한 대응법으로서의 간단한 해법의 예로 텍스트 무브를 제시했습니다. 저는 백이 더 나은 상황을 가졌다고 말하면서 위의 포지션에서 멈췄습니다. 차제스와 몇몇 다른 지역 선수들은 그러한 제 분석을 연구했고, 틀렸다는 결론에 도달했습니다. 그들은 흑이 적어도 백만큼, 사실상 그보다 더 좋은 상황을 가지고 있다고 생각했습니다. 그러므로 차제스는 여기서 자신의 주장을 증명할 첫 번째 기회를 얻은 셈입니다. 저는 당시 그 내용을 전혀 몰랐고, 결과적으로 제가 발표한 변화수에 그가 (예상대로) '무너지는' 것에 매우 놀랐기에, 그의 플레이의 진짜 이유에 대해 저를 깨우쳐 준 관중 중 한 명에게 그에 대해 말했습니다. 경기는, 바라건데 무승부보다 더 나쁜 결과를 얻을 위험에 처해 있지 않기 때문에, 제 판단이 그의 판단보다 더 낫다는 것을 보여 주기를 바랍니다. 백의 장점은 주로 e5 폰의 위력에 달려 있습니다. 이는 흑 기물의 움직임을 제한

하지만 백의 기동에는 많은 자유를 줍니다.

15	...	Rd8
16	Qxd7+	Bxd7
17	Rd1	Ne7

흑은 17수에서 캐슬링을 할 수 없습니다. 캐슬링을 하면 18 Be3! Bxe3 19 Rxd7! Rxd7 20 Bxc6가 될 수 있고 백은 룩과 두 폰을 지원하는 두 개의 마이너 기물을 들고 나오게 될 것입니다.

18 Nd4

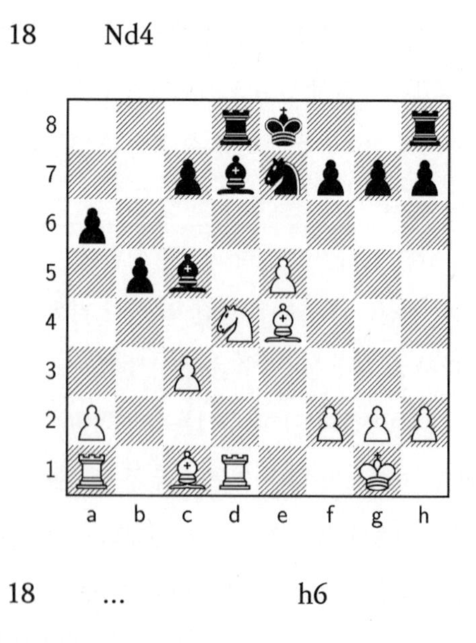

18	...	h6

흑이 포지션을 제대로 이해하지 못했음을 보여 주는 악수惡手

가 나왔습니다. 그는 백의 Bg5가 자신의 나이트에 핀을 거는 것을 막기를 원하는데, 정작 백 비숍의 a3 배치(백의 Nb3 이후)가 훨씬 더 중요하다는 점은 깨닫지 못합니다. 흑은 캐슬링을 해야 했습니다. 그러면 백으로선 Nb3와 대조되는 최선의 수가 아마도 Be3가 되었을 것입니다. 그리고 흑은 Nb3에 대해선 ...Bg4라는 만족스러운 응답을 갖게 됩니다. 이 포지션은 매우 흥미롭고 복잡하기 때문에 몇 가지 변형은 ...Bg4가 Nb3에 대한 유일하게 만족스러운 응수라는 것을 보여 주는 데 도움이 될 수 있습니다. 18...0-0, 그리고 19 Nb3 Bb6면 20 Ba3! Rfe8 21 Bxe7 Rxe7 22 Bc6로 흑은 무력해집니다. 만약 19...Bb6 대신 ...Bf5나 ...Bc6면 20 Rxd8 Rxd8 21 Bg5!로 흑은 충분한 방어력을 갖지 못하게 됩니다.

19	Nb3	Bb6
20	Ba3	h5

흑은 이제 이런 식으로 자신의 킹사이드 룩을 경기에 끌어오려고 시도해야 합니다.

21	Rd3	Bg4
22	Rxd8+	Kxd8
23	Nc5	Rh6

흑은 자연스럽게 백의 두 비숍이 열린 포지션에 놓이게 만들

대안적인 ...Bxc5를 피합니다.

24	h3	Bc8
25	Rd1+	Ke8
26	Kf1	g5

26...g5는 백의 마지막 수에 의해 드러난 의도였던 f4를 막기 위해서였습니다.

27	Nd3	f5

백이 Bc1으로 폰을 잡겠다고 위협했습니다. 게다가 e5의 백 폰은 흑 기물들의 자유로운 기동을 완전히 차단합니다. 따라서 절망 속에서 흑은 백의 e파일 폰을 없애기 위해 f파일 폰을 전진시키고, 그럼으로써 숨쉴 공간을 갖게 됩니다.

28	exf6 e.p.	Rxf6
29	Re1	Be6

흑에게 29...Re6는 나은 수가 아닙니다. 그러면 백이 h4! 또는 Bg6+!를 둘 수 있습니다. 따라서 29...Re6 30 Bg6+ Rxg6 31 Rxe7+ Kd8 32 Ne5가 되면 백은 룩을 위협하며 Nf7으로 메이트가 가능합니다.

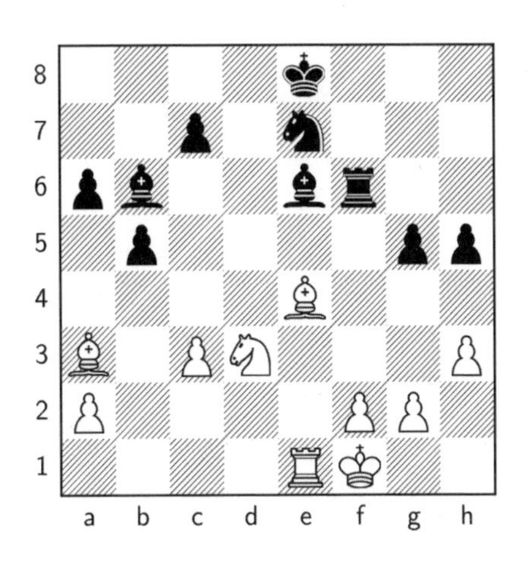

30	Bf3	Rh6

흑의 안 좋은 수이지만, 폰의 상실을 피할 방법이 없습니다. 이런 포지션은 게임에서 진다는 의미입니다. 만약 30...h4면 31 Bg4, 그리고 만약 30...g4면 31 hxg4 hxg4 32 Bxg4 Bxg4 33 Rxe7+ Kd8 34 Rg7으로 백이 승리합니다.

31	Bxh5+	Kd7
32	Bg4	Nc6
33	Rxe6	Rxe6
34	Bc1	Kd6
35	Bxe6	Kxe6

흑은 이제 아무런 보상도 없이 폰 두 개가 뒤처질 것이기 때문에 여기서 기권하는 방법도 있습니다.

36	Bxg5	Ba5
37	Bd2	Kd5
38	h4	Ne5
39	Nxe5	Kxe5
40	h5	c5
41	g4	Kf6
42	Ke2	c4
43	f4	Kf7
44	Kf3	Bd8
45	Ke4	a5
46	Kd5	Be7
47	g5	Kg8
48	f5	기권
	1-0	

28. 루이 로페즈 *Ruy Lopez*

(라이스 메모리얼 마스터스 토너먼트)

백: J. R. 카파블랑카

흑 : 로이Roy T. 블랙Black

1	e4	e5
2	Nf3	Nc6
3	Bb5	a6
4	Ba4	Nf6
5	0-0	Be7
6	Re1	d6
7	c3	0-0
8	d4	b5
9	Bc2	Bg4
10	d5	

백의 대안은 10 Be3였습니다. 그러나 텍스트의 연속수는 매우 만족스러우며 백에게 더 나은 게임을 선사합니다.

10	...	Nb8
11	h3	Bh5

흑이 만약 11...Bc8를 두면 백의 a4로 매우 답답한 상황에 처

했을 것입니다.

12	Nbd2	Nbd7
13	Nf1	Re8
14	g4	Bg6
15	Ng3	h6

흑이 킹사이드의 공격에 대비하는 동안 백은 전방의 전선에서 주도권을 유지하기 위해 퀸사이드에서의 작전을 개시합니다.

16	a4	Nh7
17	Qe2	Rb8
18	axb5	axb5
19	b4	

19 b4는 퀸사이드에 있는 백의 폰 포지션을 공격으로부터 안전하게 하고, 흑 나이트의 c5를 통한 스퀘어 확보를 막기 위해서입니다.

19	...	Qc8
20	Bd3	c6
21	dxc6	Qxc6

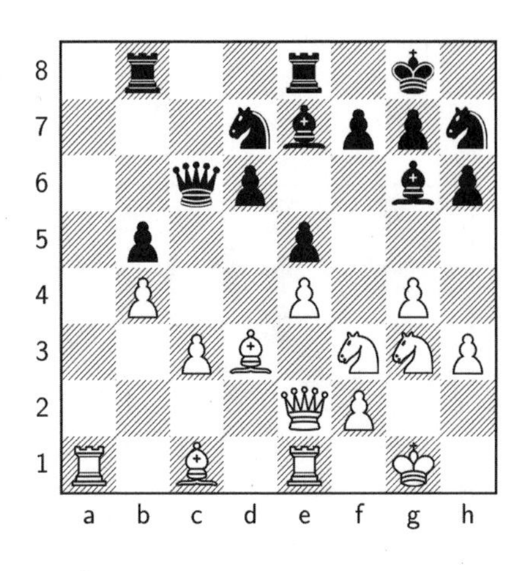

22 Ra5

이 수는 상당히 안전하며, 백이 c파일 폰을 대가로 흑의 b파일 폰을 획득하는 것 외에는 다른 목적이 없는 것처럼 보입니다. 그런데 사실 이것은 매우 긴 콤비네이션의 시작이며, 궁극적으로는 흑이 룩과 비숍을 위해 퀸을 포기하도록 강요할 것입니다.

22 ... Qxc3

23 Bxb5

23 Bxb5는 Bd2보다 훨씬 낫습니다. 흑 퀸은 c7으로 돌아가야 하고 백 퀸사이드 비숍은 e3에서 유용하게 되기 때문입니다. 이 텍스트 무브는 공격 시간이 확보되므로 가치가 높습니다.

23 ... Qc7

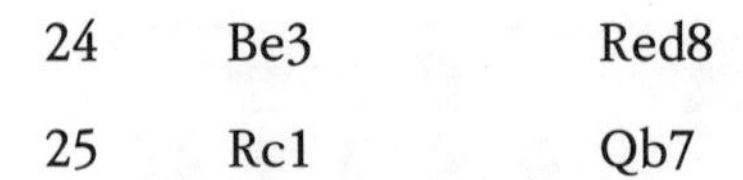

24	Be3	Red8
25	Rc1	Qb7

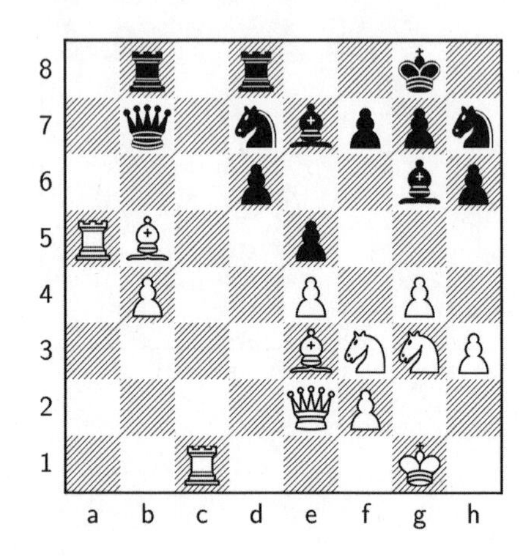

26 Bc6

저는 흑 퀸을 잡을 수 있지만, 흑은 룩, 비숍, 폰, 게다가 매우 견고한 포지션까지 얻을 수 있음을 갑자기 깨달았기 때문에, 이 수를 두기 전까지 오랫동안 망설였습니다. 마침내 저를 결정한 것은 그다지 두려워할 만한 존재가 아닌 뒤처진 폰인 d6의 흑 폰이 특별한 폰이 되리라는 사실이었습니다. 그렇지 않았다면 저는 다르게 게임을 해야 했습니다. 우월한 상황을 만들 수 있는 26 Bxd7 Qxd7 28 b5와 같은 변형을 심각하게 고려했던 것으로 기억합니다.

26	...	Qxb4
27	Ra4	Qb3

27...Qb2면 다음과 같이 흑의 패배가 될 것입니다. 28 Qxb2 Rxb2 29 Ra7 Nhf6 30 Bxd7 Rxd7 31 Rxd7 Nxd7 32 Rc7.

28 Ra7!

이 수가 백의 콤비네이션의 열쇠입니다.

28 ... Nhf8

29 Nd2

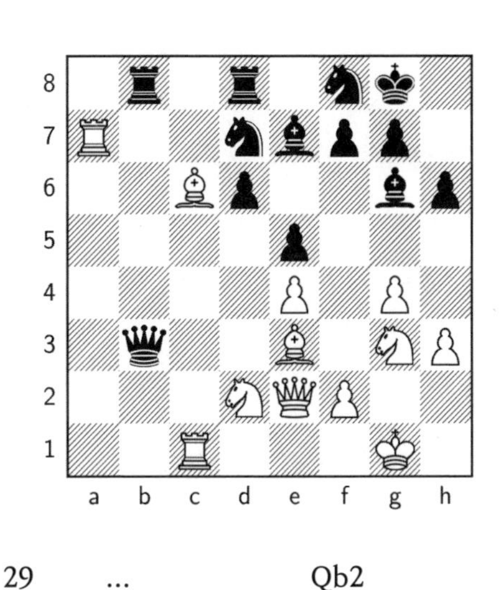

29 ... Qb2

만약 29...Qe6면 백은 30 Bd5 Qf6 31 Nf3(g5로 흑 퀸을 위협하고 Ng5에 이어서 Bxg5를 통해 흑 퀸을 잡기 위한 수) ...Nh7(만약 ...Bh7이면 백은 32 g5 Qg6 33 Nh4로 흑 퀸을 잡습니다) 32 Rcc7으로 기물을 잡습니다.

30	Qd1	Bg5!

흑으로선 단연 최선의 수입니다.

31	Rc2	Bxe3

만약 31...Qb4면 백은 Ra4로 응수합니다.

32	Rxb2	Bxa7
33	Rxb8	Nxb8

다시 한 번 흑의 최선입니다. 33...Rxb8를 뒀다면 Qa4로 응수되고 33...Bxb8를 뒀다면 흑 비숍으로 더 이상 긴 대각선을 통제할 수 없게 됩니다.

34	Bd5	Ne6
35	Ne2	Nd7
36	Qa4	Bb8

36...Bc5가 대안이었습니다. 흑은 분명 자신의 비숍을 백의 나이트들 중 하나와 교환하게 되는 걸 두려워하고 있습니다.

37	Qa2	Ndc5
38	f3	Kf8

여기서 흑은 매우 불행한 전술을 시작하는데, 백으로 하여금 매우 힘들었을지도 모를 경기를 쉽게 이길 수 있게 만들어 줍니다. 사실, 저는 백이 이길 수 있을지 전혀 확신할 수 없었습니다. 여기서 흑 킹은 뒤로 물러서 있어야 했습니다.

39	Nc4	Ke7

이것은 치명적입니다. 흑 킹이 나오는 것은 백에게 도움만 줄 뿐입니다.

40	Na5	Kf6

악수에 악수입니다. 흑 킹은 이제 체크메이트 그물 안에 있습니다.

41	Nc6	Rc8
42	h4	Bc7

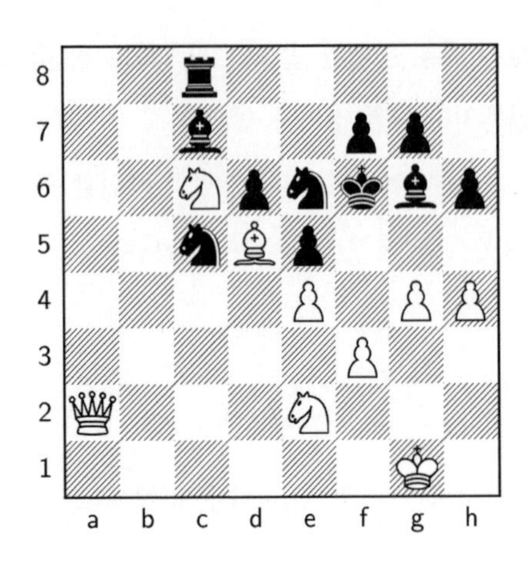

43	f4!	

백은 이제 강제로 기물을 잡는 방법으로 게임을 합니다.

43	...	Bxe4

백이 f5와 g5+를 두겠다고 위협하는 상황이며 흑은 ...Nxf4를 둘 수 없습니다. 44 Nxf4 exf4 45 Qb2로 메이트 되기 때문입니다.

44	g5+	hxg5
45	hxg5+	Nxg5
46	fxg5+	Kxg5
47	Bxe4	Nxe4
48	Qxf7	Bb6+

49	Kg2	Rxc6
50	Qxg7+	Kh5
51	Qh7+	Kg5
52	Qxe4	Rc7

여기서 흑은 기권해야 했습니다.

53	Ng3	Kf6
54	Qd5	Bc5
55	Ne4+	Ke7
56	Kf3	Kd7
57	Kg4	Rc6
58	Qf7+	Kc8
59	Nf6	Rc7
60	Qe8+	Kb7
61	Nd5	Rc8
62	Qb5+	Ka7
63	Ne7	기권
	1-0	

29. 퀸스 갬빗 거절 *Queen's Gambit Declined*

(라이스 메모리얼 토너먼트)

-우수상Second Brilliancy Prize 수상

	백: J. R. 카파블랑카	흑: A. 슈뢰더Schroeder
1	d4	d5
2	Nf3	e6
3	c4	Nf6
4	Nc3	Nbd7
5	Bg5	Be7
6	e3	0-0
7	Rc1	a6

뒤이어 일어난 일이 보여 주듯 7...a6는 추천하지 않습니다. ...c6 또는 ...b6가 일반적으로 인정되는 방어입니다.

8	Qc2	Re8
9	Bd3	dxc4
10	Bxc4	b5
11	Bd3	Bb7
12	a4	

12 a4는 ...c5, ...c4를 두려는 흑의 계획을 막고자 합니다.

12	...	b4
13	Bxf6	Nxf6
14	Ne4	

만약 가능하다면 흑 c파일 폰의 약진을 가급적 막아 치명적 약점을 만드는 게 백의 계획입니다.

14	...	Nxe4
15	Bxe4	

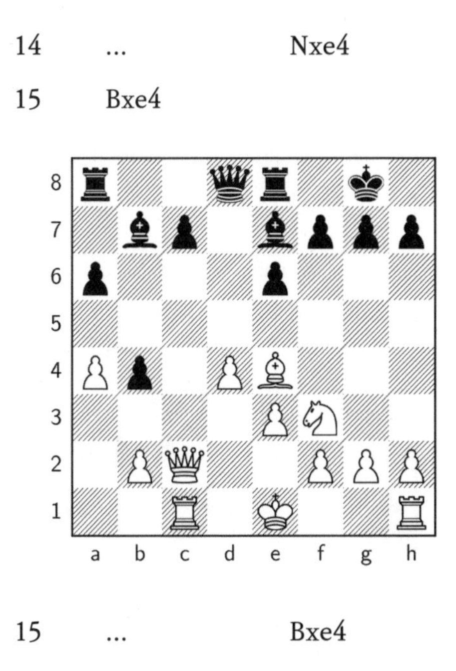

15	...	Bxe4

15...b3는 궁극적인 패배로 이어지더라도 흑이 해야 할 수이자 대안이었습니다. 이때 백은 Qd3 또는 Bxh7+, 다음에 Qd3로 응수할 수 있습니다.

16	Qxe4	c5

16...c5는 좋은 수였습니다. 흑은 어떤 대가를 치르더라도 c 파일 폰의 고정을 방지해야 합니다.

17	dxc5	Qa5
18	b3	Bxc5
19	Ng5	h6

19...g6가 훨씬 더 나았습니다. 그러면 백은 Qf3!를 뒀을 것입니다.

20	Qh7+	Kf8

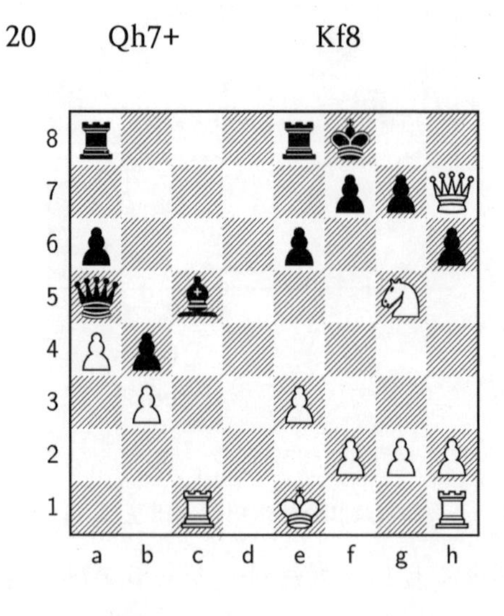

21	Qh8+	

흑에게 싸울 수 있는 기회를 주는 Ne4보다 훨씬 우수하고 옳은 수입니다. Ne4와 관련된 콤비네이션은 결코 쉽지 않고, 흑의 기물들을 모두 핀으로 고정시킨 후에 백 h파일 폰을 멈출 수 없게 하려면 능력이 필요했습니다. 21 Ne4 Bb6 22 Qh8+ Ke7 23 Qxg7 Qf5 24 Ng3 Qd3.

21	...	Ke7
22	Qxg7	hxg5
23	Qxg5+	Kd6
24	Ke2!	

킹의 이 훌륭한 수가 백의 공격의 핵심입니다. 다른 어떤 수도 이만큼 잘 되지 못할 것입니다.

24	...	Rac8
25	Rc4	Kc6
26	Rhc1	Kb6

흑 킹은 기물의 손실을 피하기 위해 이 칸으로 강제 이동했고, 따라서 흑 퀸을 차단했으며 그의 기물 하나하나를 잠시 동안 사용하지 못하게 됐습니다. 백은 이제 공격의 마지막 단계, 즉 h파일 폰의 진격을 펼칠 준비가 되어 있는데, 이때 대항할 수 있는 자유로운 흑 기물이 없습니다. 그래서 궁극적으로는 그가 이전까지 희생시킨 기물만으로 그 이상의 희생 없이 승리하게 되는

것입니다.

27　　h4

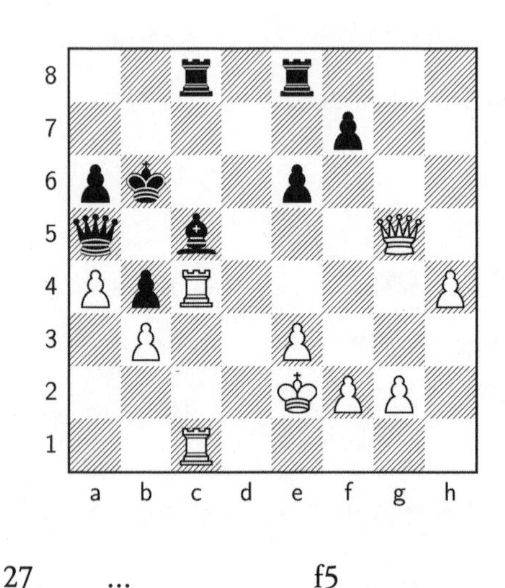

27　　...　　　　　　f5

이때 저는 ...Rc7을 예상했는데, 위원회가 저에게 우수상을 수여하는 데 영향을 준 다음과 같은 변형을 염두에 두었습니다. 27...Rc7 28 h5 Rec8 29 h6 Bd6 30 Qxa5+ Kxa5 31 Rxc7 Rxc7(만약 ...Bxc7이면 백의 Rc6로 흑의 기물들은 모두 마비됩니다) 32 Rxc7 Bxc7 33 f4 Bd8 34 g4 Bf6 35 g5 Bh8 36 e4 Kb6 37 f5 exf5 38 dxf5 Kc5 39 g6 fxg6 40 fxg6, 그리고 흑은 41 g7을 막을 방도가 없습니다.

28　　Qg7

여기서 백 퀸은 흑의 포지션에 가하는 엄청난 압박으로서 h8칸의 장악 외에도 e5로 가기 위한 목적이 있습니다.

28	...	Re7
29	Qe5	Rc6

29...Rc6는 큰 실수입니다. 그러나 흑은 백 h파일 폰의 진격을 막을 유효한 방어 수단이 없었습니다.

30	Rxc5	**기권**
	1-0	

30. 퀸스 갬빗 거절*Queen's Gambit Declined*

백: D. 야노프스키Janowski

흑: J. R. 카파블랑카

1	d4	Nf6
2	Nf3	d5
3	c4	c6
4	Nc3	Bf5
5	Qb3	Qb6
6	Qxb6	

6 cxd5가 더 좋은 수입니다. 텍스트 무브는 흑에게 완벽하게 안전한 게임을 남기게 됩니다. 사실 저는 교환 후 흑의 게임을 더 선호합니다.

6	...	axb6
7	cxd5	Nxd5
8	Nxd5	cxd5
9	e3	Nc6
10	Bd2	Bd7!

흑의 계획은 적절한 시기에 b파일 폰을 전진시키고 c4에 나이트를 배치하는 것으로 구성됩니다. 백은 어쩔 수 없이 c4 나

이트를 잡게 되고, 흑은 그것을 b파일 폰으로 재탈환하여 자신의 폰을 더블폰이 되지 않게끔 하면서 백의 퀸사이드 룩과 b파일 폰에 대한 압박을 높일 것입니다. 텍스트는 이 모든 것이 어떻게 이루어졌는지 보여 줍니다.

11	Be2	

흑의 계획을 방해할 수 있는 Bb5가 더 나았습니다.

11	...	e6
12	0-0	Bd6
13	Rfc1	Ke7

이 포지션에서는 백 킹보다 흑 킹이 보드 중앙 쪽으로 잘 위치하고 있습니다. 백도 기회가 있을 때 그렇게 해야 했습니다.

14	Bc3	Rhc8
15	a3	Na5

15...Na5는 백의 허약한 앞선 수를 통해 더욱 강해졌습니다.

16	Nd2	f5

16...f5는 백 e파일 폰의 전진을 늦추기 위한 수입니다.

17	g3	b5!
18	f3	Nc4

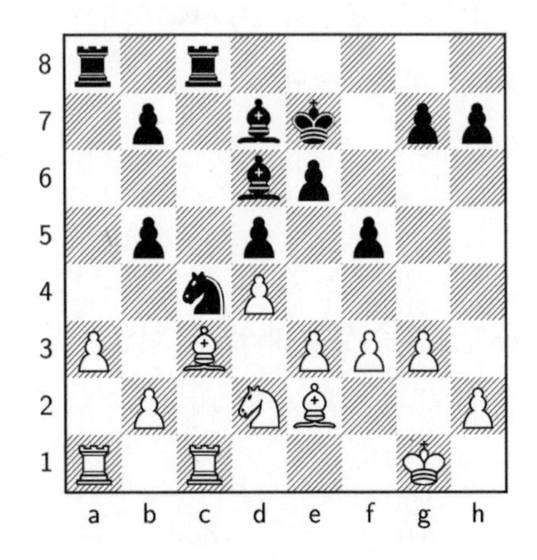

흑의 첫 번째 계획이 완성되었습니다. 백은 이제 흑 나이트를 잡아야 하며, 자신의 유일한 약점인 b파일의 더블 폰이 c4에서 큰 힘을 주는 요소가 될 것입니다. 이제 흑은 두세 가지 행마들을 위해 새로운 계획, 이번에는 백의 포지션에 대한 공격 계획을 발전시키기 전에 기물들의 일반적인 전략적 위치를 개선하는 데 시간을 바칠 것입니다.

19	Bxc4

백은 아마도 두 가지 이유로 비숍으로 흑 나이트를 잡습니다. 첫째, 그는 e4를 바로 두고 싶어 하고, 둘째, 기술적인 용어를 사용하자면 다소 블록된blocked 이 포지션을 놔두면 흑 나이트가 더 강해지리라고 생각합니다.

19	...	bxc4
20	e4	Kf7
21	e5	Be7
22	f4	b5

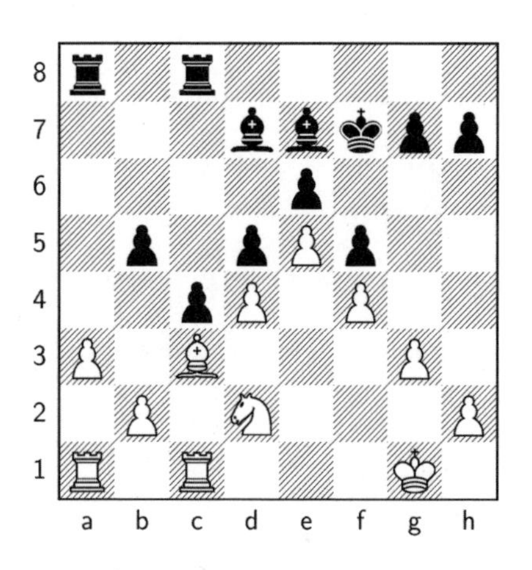

흑은 이미 자신의 포지션을 확립했고, 더 이상 어떠한 위험도 없으며 기물들은 모두 잘 배치되어 있습니다. 그러므로 공격 계획을 진화시켜야 할 때인데, 이 경우 ...b4 위협으로 백 기물을 퀸사이드에서 최대한 많이 고정시키고, ...g5를 통해 킹사이드를 다소 분열시킨 다음, 룩들의 기동성을 높여 오픈 파일인 g파일을 점령하는 것입니다. 이 일이 성사되면 흑은 킹사이드를 통해 백의 포지션을 위협하게 되며, 동시에 ...b4의 위협을 지속적으로 유지할 것입니다.

23	Kf2	Ra4
24	Ke3	Rca8

25	Rab1	h6
26	Nf3	g5
27	Ne1	Rg8
28	Kf3	gxf4
29	gxf4	Raa8
30	Ng2	Rg4
31	Rg1	Rag8

흑은 이제 잘 발전시킨 계획에 대한 보상을 받을 준비가 되었습니다. 이제 그에게 있어 균형을 유리하게 만들기 위해 필요한 것은 백의 포지션에 의한 압박을 견딜 수 있도록 d7에 있는 비숍을 데려 오는 것입니다.

32	Be1	b4!

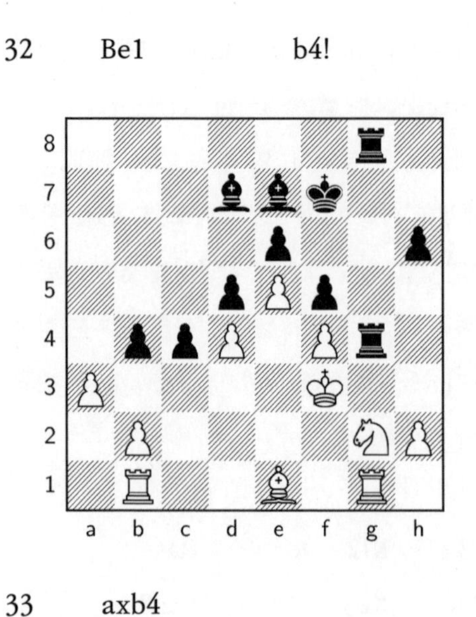

33	axb4

만약 33 Bxb4면 33...Bxb4 34 axb4 h5로 흑이 폰의 전진을 위협하면서 승리합니다.

33	...	Ba4
34	Ra1	

34 Ra1은 흑을 더욱 쉽게 만들어 줍니다. 백은 Rc1을 뒀어야 했습니다.

34	...	Bc2
35	Bg3	Be4+
36	Kf2	h5
37	Ra7	

만약 37 Ne3면 ...h4로 흑의 승리.

37	...	Bxg2
38	Rxg2	h4
39	Bxh4	Rxg2+
40	Kf3	Rxh2
41	Bxe7	

만약 41 Rxe7+면 41...Kf8 42 Bf6 Rgh8.

41	...	Rh3+
42	Kf2	Rb3
43	Bg5+	Kg6
44	Re7	Rxb2+
45	Kf3	Ra8
46	Rxe6+	Kh7
	백 기권	0-1

흑은 ...Ra3+에 의한 메이트를 위협하며, 백은 룩을 잃어야만 이를 막을 수 있습니다.

9장
맨해튼체스클럽 마스터스 토너먼트까지

남은 겨울 동안 처음으로 태평양 연안을 방문하면서 미국의 여러 도시들에서 몇 번의 다면기를 가졌습니다. 여름 동안에는 휴식을 취했고, 같은 해 11월과 12월에는 맨해튼체스클럽에서 몇 차례 강연과 한 차례의 다면기를 했습니다. 그리고 나서 크리스마스와 새해를 맞아 고향인 아바나로 가서 겨울을 보내기로 결심했고, 휴식을 취한 후 미국으로 돌아가기로 했습니다. 하지만 6월 초에 뉴욕으로 가는 기선을 탈 준비가 되었지만, 매우 아팠기에 그 해 남은 기간과 그 다음 해 초까지 아바나에 머물러야 했습니다. 마침내 1918년 5월 말에 다시 뉴욕으로 돌아왔습니다. 저는 1년 반 동안 체스를 두지 않았지만, 그 시간 동안 의심의 여지없이 미래 경력에 영향을 미칠 사건이 일어났습니다. 아바나에는 저를 매우 흥미롭게 하는 열두 살 내지 열네 살 정도 된 어린 소녀가 있었습니다. 그녀는 모든 면에서 총명하고 겸손했을 뿐만 아니라, 더 중요한 것은 체스를 꽤 잘 했다는 것입니다(오늘날 그녀는 열다섯 살이나 열일곱 살 정도 밖에 되지 않았겠지만 아마도 세계에서 가장 강한 여성 선수일 것이라고 믿습니다). 저는 떠나기 전에 그녀에게 몇 가지 교훈을 주겠다고 제안했습니다. 제안은 받아들여졌고, 제 생각으로 얼마간 간직했지만 누구에게도 설명한 적은 없는, 일반적인 원칙과 특정 이론에 따라 오프닝과 미들게임의 내용들을 그녀에게 가르치기로 결정했습니다. 제 이론을 설명하고 가르치기 위해선 저부터 공부를 해야 했습니다. 그래서 태어나서 처음으로 오프닝에서 이뤄지는 일에 시간을 할애했습니다. 저는 제 생각이 제가 보았던 것들에 관한 한 꽤 정확하다는 사실을 알게 되어 큰 만족감을 느꼈습니다. 그래서 비록 어린 여자 친구가 제가 전달한 열두 가지 정도의 교훈을 통해 도움을 얻길 바라지만, 실제로는 제자보다 저 자신이 더 많은 것을 배웠습니다. 그래서 게임의 가장 약한 부분인 오프닝을 강화했고, 또한 제 사고로부터 진화한 이론의 높은 가치를 스스로 만족스럽게 증명할 수 있었습니다.

맨해튼체스클럽에서 열린 마스터스 토너먼트에 참가하기 전까지 그 해의 나머지 기간 동안에는 경기를 거의 하지 않았습니다. 토너먼트는 10월에 시작되었고, 그래서 거의 2년 동안 단 한 번의 진지한 체스 게임도 하지 않은 셈이었습니다. 이 상태에서 체스 마스터십의 최고 시험이라고 불릴 수 있는 사건을 바로 첫날에 성공적으로 맞닥뜨릴 예정이었습니다. 백 기물로 마셜을 상대하게 된 것입니다. 그리고 놀랍게도 그는 제가 루이 로페즈를 둘 수 있도록 허락했습니다. 우리의 역사적인 경기 이후 약 10년 동안 하지 않았던 것입니다. 그 이유는 그가 저를 위해 변형을 찾아 준비했고, 저와의 토너먼트에서 둘 기회를 기다리며 2년 동안 간직해 왔기 때문이었습니다. 아래에 제공되는 게임과 주석이 나머지에 대해 말해 줄 것입니다. 일곱 명이 출전한 이번 더블 라운드 토너먼트의 마무리에는 제가 9승 3무로 1위가 되었습니다. 이는 일부 마스터들이 토너먼트에서 성적이 나빴을 때 하는 변명에 엄청난 넌센스가 담겨 있음을 보여 줍니다. 소위 마스터라고 불리는 어떤 이들은 토너먼트에서의 성적 부진을 연습 부족 탓으로 돌립니다. 코스티치Borislav Kostic는 6승 6무로 2위를 차지했고(좋은 퍼포먼스였습니다), 마셜은 3위를 차지했습니다. 저는 마셜과의 두 경기를 모두 이겼고, 코스티치는 마셜과 1승 1무였으며 저와는 두 경기 모두를 비겼습니다. 다른 경쟁자들은 야노프스키, 차제스, 블랙, 그리고 캐나다 챔피언인 모리슨이었습니다. 이 토너먼트에서의 경기 두 개를 제시합니다.

31. 루이 로페즈 *Ruy Lopez*

(맨해튼체스클럽 마스터스 토너먼트 1라운드)

	백: J. R. 카파블랑카	흑: F. J. 마셜
1	e4	e5
2	Nf3	Nc6

제 첫 번째 놀라움이었습니다. 10년 만에 처음으로 마셜은 제가 루이 로페즈를 두게끔 허락했습니다.

3	Bb5	a6
4	Ba4	Nf6
5	0-0	Be7
6	Re1	b5
7	Bb3	0-0

두 번째 놀라움. 이제 마셜이 저를 위해 무언가를 준비했다고 느꼈습니다. 아마도 제가 Bd5를 두리라 예상하는 것처럼 보였기에 망설임 없이 다음 수를 뒀습니다.

8	c3	d5

그리고 이제 저는 준비된 변형에 빠졌다고 확신했습니다.

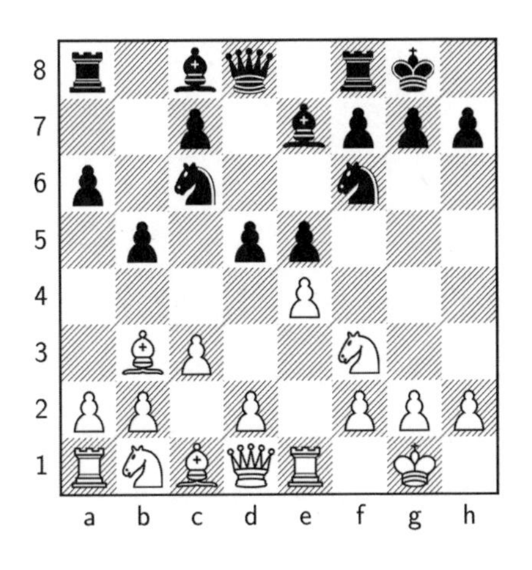

9	exd5	Nxd5
10	Nxe5	

10 Nxe5를 두기 전에 잠시 생각했습니다. 그 후에 매서운 공격을 받는다는 것, 그리고 모든 라인이 적에게 용이해지게 되리라는 것을 알았습니다. 그러나 전투에 대한 욕구가 내면에서 발동되어 있었습니다. 저는 판단력과 기술 양쪽 분야에서 두려워할 이유가 충분한(우리의 이전 만남의 기록이 보여 주듯이), 자신이 많은 밤 동안 노력과 수고를 바친 것에 대해 제가 익숙하지 않다는 사실과 놀라운 요소가 주는 이득을 활용하고자 하는 선수에게 도전받고 있다고 느꼈습니다. 저는 포지션을 고려했고, 폰을 잡는 것으로 명예로운 도전을 받아들여야 한다고 결정했습니다. 저의 지식과 판단력이 포지션을 방어할 수 있다고 말했기 때문입니다.

10	...	Nxe5
11	Rxe5	Nf6
12	Re1	

평범한 수인 12 d4는 결국 동일한 포지션으로 이어질 것입니다. 제가 생각한 변형을 계산하고 텍스트 무브의 수를 결정하면서 그것을 알았습니다. 왜냐하면 텍스트 무브를 통해 상대방을 분석으로부터 조금 더 멀리 떨어뜨릴 수 있다고 생각했기 때문입니다. 그러나 그것은 그런 효과를 만들지 못했습니다.

12	...	Bd6
13	h3	Ng4

흑의 맹공이 시작됩니다. 여기서 백은 흑 나이트를 잡을 수 없습니다. 그렇게 하면 14 hxg4 Qh4 15 g3 Bxg3 16 fxg3 Qxg3+에 이어서 ...Bxg4로 흑이 승리하기 때문입니다. 또는 14 hxg4 Qh4 15 Qf3 Qh2+ 16 Kf1 Bxg4 17 Qxg4 Qh1+ 18 Ke2 Rae8+, 그리고 흑의 승리입니다.

14	Qf3

이 수는 흑 퀸사이드 룩을 위협하면서 d6의 흑 비숍이 지금의 대각선을 벗어나야 할 경우가 되면 Qxf7+를 위협할 수 있기 때문에 방어적이면서도 공격적입니다.

14 ... Qh4

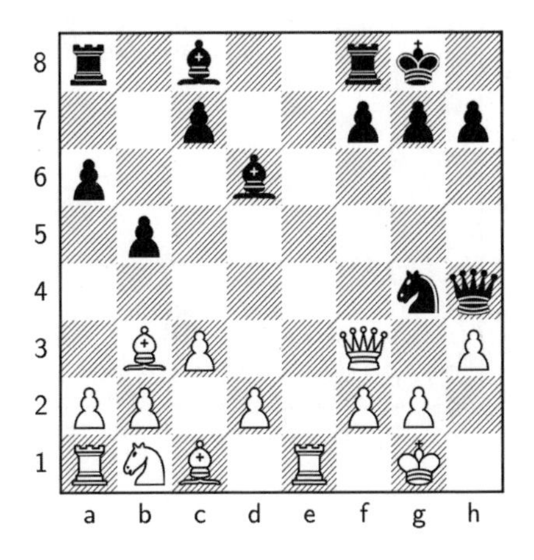

15 d4!

15 Re8는 안 됩니다. 왜냐하면 15...Bb7! 16 Rxf8+ Rxf8 17 Qxg4 Re8 18 Kf1 Qe7 19 Be6(최선) Bd5로 흑이 더 나은 게임을 얻게 됩니다.

15 ... Nxf2

사냥꾼이 덫에 갇혔습니다. 그러나 흑은 더 나은 방법이 없었고, 공격을 계속하거나 죽어야 합니다.

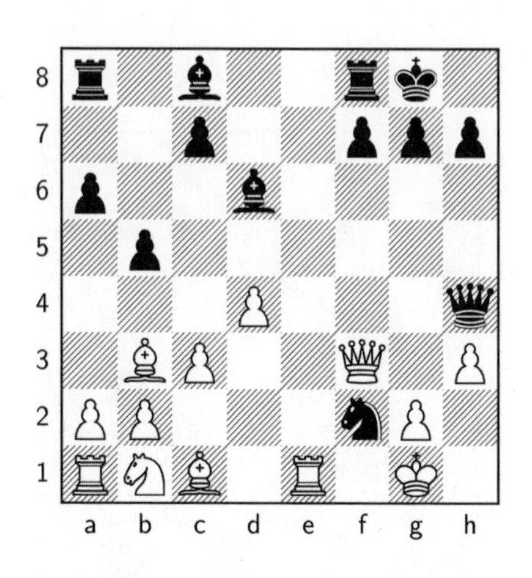

16 Re2!

16 Qxf2는 안 됩니다. 왜냐하면 16...Bh2+(...Bg3는 안 됩니다. Qxf7+!와 메이트로 이어지게 됩니다) 17 Kf1 Bg3 18 Qe2 Bxh3 19 gxh3 Rae8로 흑이 이깁니다.

16 ... Bg4

흑이 공격을 계속할 수 있는 가장 좋은 길입니다. 이에 비하면 ...Bxh3 또는 ...Nxh3+의 산출량은 낮습니다.

17 hxg4

백은 잃는 것 없이 17 Qxf2를 둘 수 있지만 그 행마는 흑에게 비길 수 있는 기회를 줄 수도 있습니다. 이 게임에는 너무 많은 변화수들이 있어서 가끔씩 한 가지씩만 보여 줄 수밖에 없습니다.

17 ... Bh2+

만약 17...Nxg4 18 Bf4면 흑의 공격은 즉시 마비됩니다.

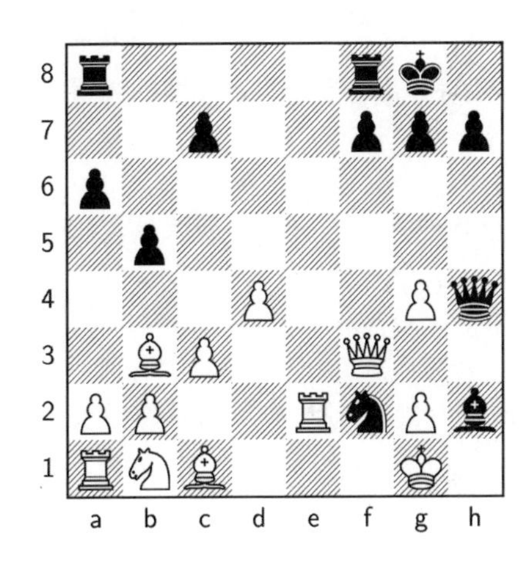

18 Kf1 Bg3

저는 ...Nh1을 기대했습니다. 백은 이 수에 대해서도 여러 가지 방법으로 방어할 수 있습니다. 가장 좋은 수는 Be3일 수 있습니다. 이러한 모든 복잡한 과정을 거치면서 백을 구원하는 것은 흑의 c파일 폰에 대한 퀸과 비숍의 콤비네이션 압박과 f3에 있는 퀸의 강력한 방어력입니다.

19 Rxf2

여기서 Ke1을 둘 수도 있었고, 그것이 텍스트 무브보다 더 나을 수도 있었습니다.

19	...	Qh1+
20	Ke2	Bxf2

대안인 ...Qxc1은 텍스트 무브보다 더 복잡한 상황으로 이어졌을 테지만, 더 나은 결과를 주지는 못했을 것입니다.

21	Bd2	Bh4
22	Qh3	

흑은 퀸들의 교환을 피하기 위해, 자신을 안전하게 만들어 줄 c2까지 백 킹을 몰아야 합니다.

22	...	Rae8+
23	Kd3	Qf1+
24	Kc2	Bf2
25	Qf3	

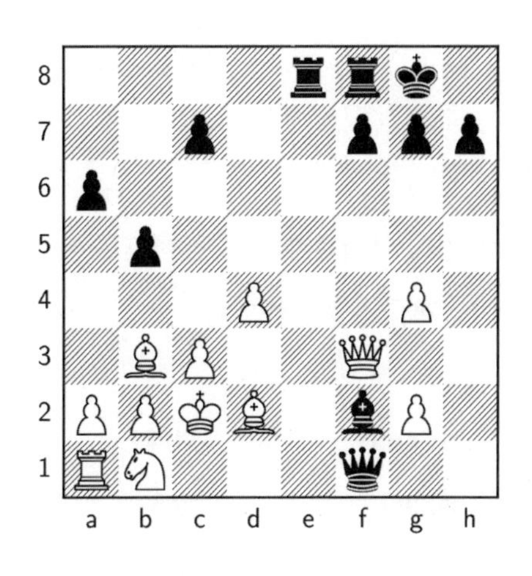

25	...	Qg1

25...Qg1은 핀에서 벗어나 자유롭게 자신의 기물을 사용할 수 있게 하기 위한 수입니다. 25...Re2는 26 a4! Qe1 27 axb5! Be3 28 Bc4! Rxd2+ 29 Nxd2 Qxd2+ 30 Kb3가 되며 흑의 게임은 절망적이게 됩니다. 왜냐하면 그는 Qxf7+ 때문에 ...axb5를 할 수 없기 때문입니다!

26	Bd5	c5
27	dxc5	Bxc5
28	b4	

마침내 백이 주도권을 잡았고 흑의 게임은 산산조각이 났습니다.

28	...	Bd6
29	a4	a5

29...a5는 백 킹이 안전해지는 반면 백이 오픈 a파일을 갖도록 내버려둘 수 없게끔 강요된 수입니다.

30	axb5	axb4
31	Ra6	bxc3
32	Nxc3	Bb4
33	b6	Bxc3
34	Bxc3	h6
35	b7	Re3

Bxf7+, 그리고 흑은 다섯 수째에 메이트 됩니다.

32. 퀸스 갬빗 거절 *Queen's Gambit Declined*

(맨해튼체스클럽 마스터스 토너먼트 6라운드)

-우수상Second Brilliancy Prize 수상

백: J. R. 카파블랑카 **흑: D. 야노프스키**

1	d4	d5
2	Nf3	Nf6
3	c4	e6
4	Bg5	Nbd7
5	e3	c6
6	Nbd2	

저는 6 Nbd2가 제가 발명한 것이라고 믿습니다. 이 포지션에서는 아마도 가장 좋은 수일 것입니다. 이후 흑이 ...dxc4를 할 때 나이트로 재탈환해 두 개의 나이트들로 e5 칸을 통제하는 것이 목표입니다.

6	...	Be7
7	Bd3	dxc4
8	Nxc4	0-0
9	0-0	c5
10	Rc1	b6
11	Qe2	Bb7

12	Rfd1	Nd5

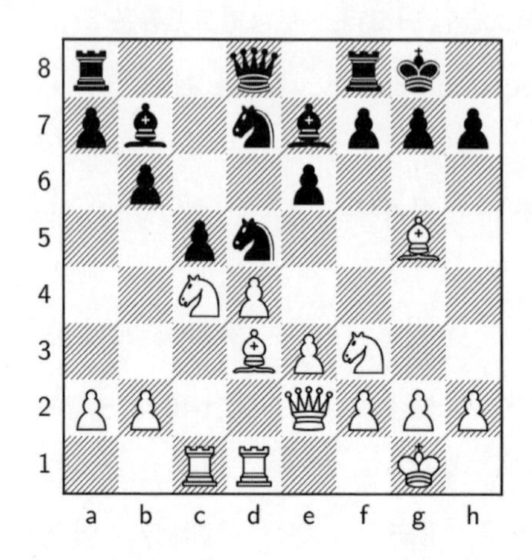

13	Nd6!	

이는 흑 비숍을 백 퀸사이드 룩의 사정권에 있는 c6로 몰기 위해서입니다. 나중에 이 작은 우위가 흑이 패배한 큰 원인임을 알게 될 것입니다.

13	...	Bc6
14	Ne4	f5
15	Bxe7	Qxe7
16	Ned2	

흑은 돌아오지만 거기에는 이제 e4에 '구멍'이 생겼고 그것은 흑의 다음 행마에 영향을 미치는 c5를 통한 위협을 예고하고 있습니다.

16	…	e5
17	dxe5	Nxe5
18	Nxe5	Qxe5
19	Nf3	Qe7

흑은 19…Qe7을 오랫동안 고려했습니다. 만약 그가 퀸을 다른 곳으로 퇴각시켰다면, 백으로선 어느 시점엔가 Bc4와 e4를 콤비네이션 하면서 적어도 폰 하나를 내놔야 했을 것입니다. 아마도 f4나 e4, 아무래도 전자일 가능성이 높지만 그래도 어떤 수가 게임에서 패배하게 만드는지 말하기는 어렵기 때문에 이 게임은 주목할 만합니다.

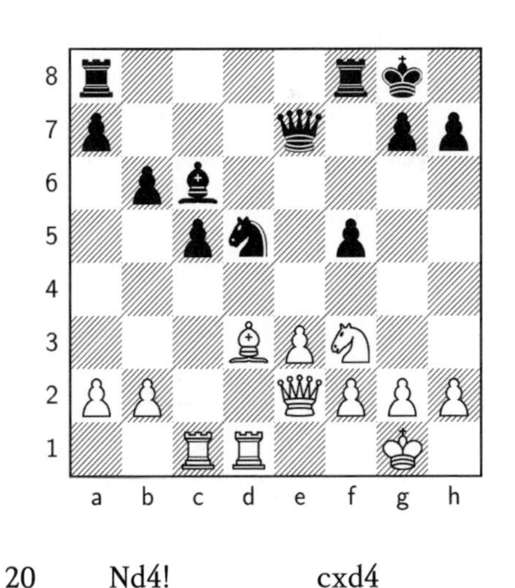

20	Nd4!	cxd4
21	Rxc6	Nb4

여기서 백으로선 Bc4로 위협하는 것만큼 더 좋은 수는 없었

습니다.

22	Bc4+	Kh8
23	Re6	d3
24	Rxd3	Qc5
25	Rd4	b5

25...b5는 상황을 더 악화시킬 뿐입니다. 하지만 진실은 흑이 폰에서 뒤처진 현실 외에도 열등한 포지션을 가지고 있다는 것입니다.

26	Bxb5	Nxa2
27	Bc4	Nb4
28	Qh5	g6

28...g6는 백이 Rh4를 두겠다고 위협했기 때문입니다.

29	Rxg6	Rad8
30	Rg7	기권
	1-0	

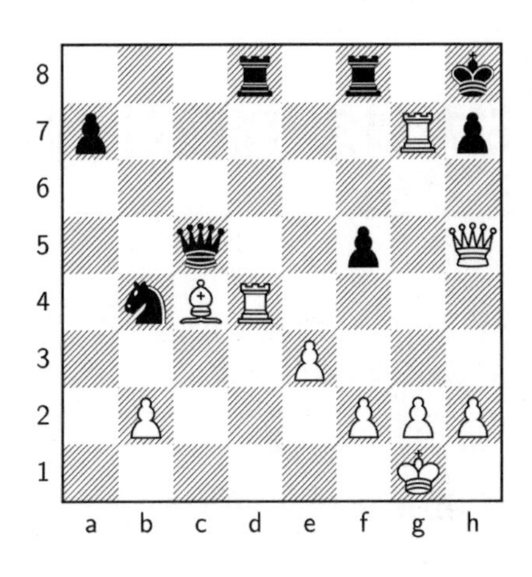

30...Kxg7 31 Qg5+ Kh8 32 Rxd8면 흑이 나이트를 포기하지 않는 한 메이트가 뒤따릅니다. 이번 경기는 매우 깔끔한 게임들 중 하나인데, 겉보기에는 매우 단순하지만 실제로는 매우 어려우며, 전문가만이 충분히 즐길 수 있습니다. 헛된 노력이 없고, 모든 수에서 앞의 수와 뒤의 수가 물 흐르듯 맞아 떨어지는 것처럼 보입니다.

10장
코스티치와의 대전과 헤이스팅스 승전 대회

맨해튼체스클럽 토너먼트의 결과로 코스티치와의 대전이 준비되었습니다. 우리는 두 번의 더블 라운드 토너먼트에서 만났고, 네 게임 모두 무승부가 되었습니다. 게다가, 코스티치는 이 대회를 깔끔한 점수로 통과했고, 저를 제외한 다른 모든 선수들을 이겼기 때문에, 몇몇 사람들은 이 세르비아인이 저를 흥미롭게 만들 것이라고 생각했습니다. 아주 짧은 협상 끝에, 제 고향인 아바나에서 필요한 돈 2,300달러를 전부 들고 나섰고, 경기는 1919년 3월 25일 그곳에서 시작되었습니다. 일 년 중 그 시기, 4월 말까지 아바나의 기온은 이상적이고, 온도계는 매일 약 섭씨 25도를 기록하며, 항상 바다로부터 도시를 가로질러 바람이 붑니다.

여덟 번의 경기들 중 하나에서의 무승부를 제외하고, 무승부 없이 5연패에 시달린 상대는 대전에서 기권했습니다. 그 다섯 경기들 중 세 번째 경기를 제시하겠습니다. 그것은 대전의 모든 경기들 중 가장 활기찬 것으로 입증되었고, 오프닝에서 채택된 전술의 관점에서 봐도 분명한 가치가 있습니다.

33. 페트로프 디펜스 *Petroff Defence*

(1919년 3월 29일)

백: J. R. 카파블랑카 흑: B. 코스티치

1	e4	e5
2	Nf3	Nf6
3	Nxe5	d6
4	Nf3	Nxe4
5	d4	

첫 경기에서 저는 이 지점에서 5 Qe2를 뒀습니다.

5	...	d5
6	Bd3	Be7
7	0-0	Nc6
8	Re1	Bg4
9	c3	f5
10	Nbd2	

저는 10 Nbd2가 제 발명이라고 생각합니다. 그리고 만약 백이 승리를 위해 경기를 하면서 잘 알려진 길을 피하고 싶다면, 이 포지션에서 가장 좋은 수라고 생각합니다.

많은 비평가들은 이 게임을 1895년 상트페테르부르크에서 라스커가 필스베리에 맞서 치른 다른 게임과 비교했습니다. 라스커는 여기서의 텍스트 무브 대신 바로 10 Qb3를 두고 Bf4를 이어서 뒀는데, 이는 의심할 여지없이 악수였습니다.

10	...	0-0
11	Qb3	Kh8

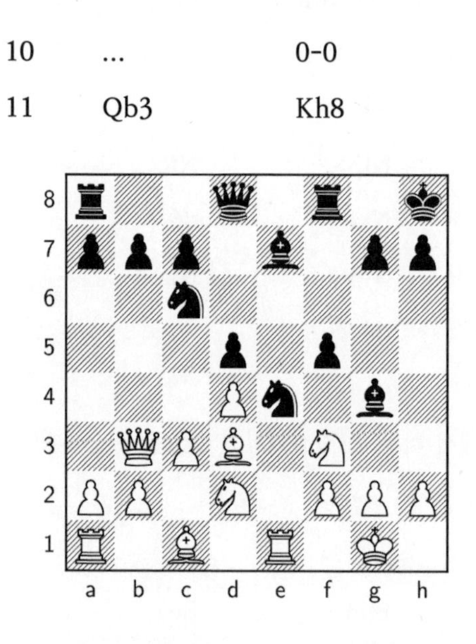

백은 Nxe4, 이어서 Bxe4를 두는 전개를 위협했습니다. 텍스트 무브 후 저는 약 40분의 긴 시간 동안 이 상황을 복기했습니다. 저는 Qxb7을 둬서 좋은 수비가 가능하리라고 생각했던 공격을 감수해야 할지, 아니면 다른 종류의 공격을 받을 수 있는 Nf1을 둬야 할지, 판단이 서지 않았습니다. 그래서 상대는 자신의 특별한 기억력의 혜택을 받지 못했을 것입니다(그는 지난 20년 동안 마스터들이 했던 모든 게임과 훨씬 더 오래된 많은 게임들을 암기하고 있었습니다). 그러나 여기서는 소위 말하는 자신만의 판단력으로 행해야 하며, 그가 어떤 콤비네이션을 만들든

다른 사람의 머리가 아닌 자신의 머리에서 나와야 할 것입니다.

12 Nf1 Qd7

12...Qd7은 앞선 설명에 표현된 제 판단을 즉시 정당화합니다. 상대는 공격형 선수가 아니었고, 자신이 압도당하리라 확신하는 복잡한 상황을 두려워하며, 안전한 전개로 여겨지는 수를 선택했습니다. 그가 공격을 계속할 수 있는 유일한 방법은 12...Bxf3 13 gxf3 Nxf2 14 Kxf2 Bh4+ 15 Ng3 f4입니다. 일부 비평에서 추천하는 변형인 12...Bxf3 13 gxf3 Ng5는 쓸모없습니다. 백이 나이트를 간단히 잡고 Re6(추정)*를 둬서 우월한 게임을 얻게 되기 때문입니다.

13 N3d2 Nxd2

이는 상대가 복잡한 상황을 두려워 한다는 추가 증거입니다.

14 Bxd2 f4

분명 흑은 훌륭하게 대처하고 있지만, 백은 다음 수로 우위를 점하며 자신의 포지션을 난공불락으로 만들 것입니다.

* 원서에는 R-Kt6로 표기되어 있으며 대수기보법으로 바꾸면 Rg6가 되나 현재 상황에서는 불가능한 수이기에 R-K6의 오식으로 추정하여 Re6로 표기했다.

15	f3	Bf5

흑은 기회가 있을 때마다 교환하고 싶어 하는 욕망 때문에 폰을 잃게 됩니다. 그는 비숍을 h5로 후퇴시켜야 했습니다.

16	Bxf5	Rxf5
17	Qxb7	

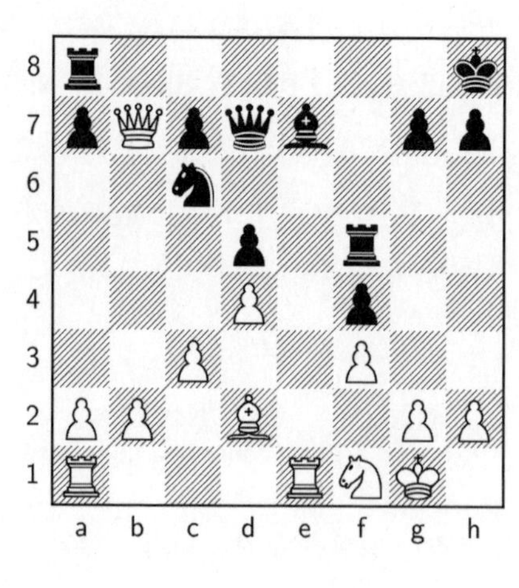

17	...	Rg8

...Rb8면 Rxe7으로 백이 승리합니다.

18	Qb5	Bh4
19	Re2	h5

흑의 이 모든 수들은 대부분 허세입니다. 백은 자신의 기물들

을 좀 더 재정렬하고 나서 흑의 중앙을 향해 진격하면 됩니다. 그러면 킹사이드에서 일어난 시위는 자동으로 중단됩니다.

20	Qd3	Be7
21	Rae1	Bd6
22	b3	Nd8
23	c4	c5

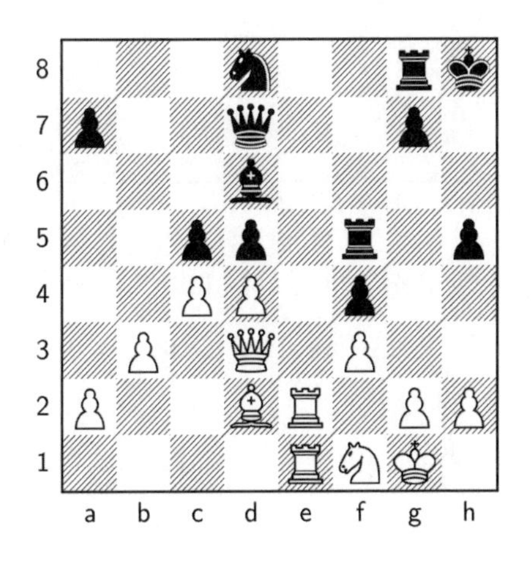

최선입니다. 지금 흑의 운영은 수준이 높지만, 너무 늦었습니다. 저는 다가오는 모든 복잡한 문제들을 신중하게 고려했고, 흑의 위협을 모두 정지시킬 수 있다는 결론에 도달한 후, 이기는 가장 빠른 방법이라 생각한 아수라장으로 바로 들어갔습니다.

24	dxc5	Bxc5+
25	Kh1	Nc6
26	cxd5	Rxd5

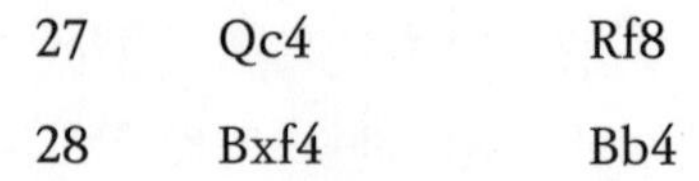

27	Qc4	Rf8
28	Bxf4	Bb4

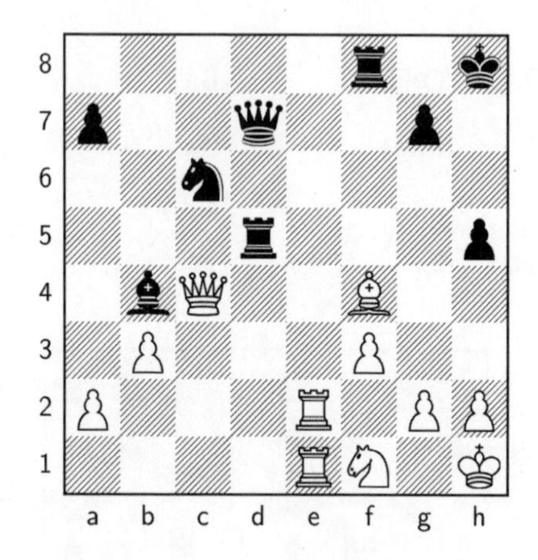

29	Re8	Rd4
30	Rxf8+	Bxf8
31	Qe6	Qxe6
32	Rxe6	Rd1
33	Kg1	Bc5+
34	Be3	

34 Be3는 흑의 공격을 완전히 견제합니다. 나머지는 기술의 문제일 뿐입니다. 상대가 이제 무엇을 하든 오직 하나의 결과만 있다는 확신을 갖고 운영하는 공격당한 사람의 태도를 가짐으로써 저에게는 유리하게도 문제를 다소 단순화시켰다고 말해야겠습니다.

34	...	Bxe3+
35	Rxe3	Ra1
36	Re6	Nb4
37	Re5	g6

...Rxa2가 흑에게 더 나은 싸움을 허락했을 것입니다.

38	Re8+	Kg7
39	Re7+	Kf6
40	Rxa7	Rxa2

여기서 흑은 기권해야 했습니다. 백보다 폰 두 개가 더 쓰러졌고 그들에 의한 이득도 없기 때문입니다.

41	Rxa2	Nxa2
42	Kf2	Ke5
43	Ke3	Kd5
44	Kf4	Ke6
45	Kg5	Kf7
46	Nd2	Nb4
47	Nc4	Nd3
48	b4	기권
	1-0	

헤이스팅스 승전 기념 대회

코스티치와 대전하기 위해 아바나로 출항하기 직전에 헤이스팅스 승전 기념 대회에 참가해 달라는 공식 초청을 받았습니다. 영국에서 20년 만에 국제적인 성격의 대회를 여는 첫 시도였고, 연합국의 승리를 축하하기 위한 대회기도 했습니다. 제공되는 상금과 동기는 사실상 중요하지 않았지만, 저는 연합국과 중립국의 주요 선수로서 특정한 필수 조건이 주어진다면, 승리를 기념하는 이 토너먼트에 참가해야 할 도덕적 의무가 있다고 느꼈습니다. 저는 영국체스연맹의 총재인 레오나드 P. 리스Leonard P. Rees 씨로부터 아주 호의적인 답장을 받았고 결과적으로 7월 26일에 증기선을 타고 뉴욕을 떠날 준비를 했습니다. 쿠바 정부로부터 제가 소속된 외무부와 관련된 특별 업무에 대한 공식 임명을 받은 후에 아키텐 분지에 도착했습니다. 8월 2일에 사우샘프턴에 도착했고, 런던을 거쳐 헤이스팅스로 갔습니다. 토너먼트는 8월 10일에 시작하여 12일간 열렸으며, 열두 명의 선수가 참가하였습니다. 저는 10승 1무로 1위였고 코스티치는 8승 3무로 2위였습니다. 토너먼트에서 제가 치른 두 경기를 제시합니다. 그리고 더 나아가기 전에, 영국 방문에 대해 매우 만족한다고 말하고 싶습니다. 헤이스팅스뿐만 아니라 방문한 거의 모든 장소에서, 체스 애호가들에게 매우 큰 친절과 존경의 표시를 만났습니다. 다른 모든 형태의 시합에서처럼 체스에서도 영국인들이 매우 훌륭한 스포츠맨임을 발견할 수 있었습니다.

34. 루이 로페즈 *Ruy Lopez*

(헤이스팅스 빅토리 토너먼트 1라운드)

백: J. R. 카파블랑카 흑: F. D. 예이츠Yates

1	e4	e5
2	Nf3	Nc6
3	Bb5	a6
4	Ba4	Nf6
5	0-0	Be7
6	Re1	b5
7	Bb3	d6
8	c3	Na5
9	Bc2	c5
10	d4	Qc7
11	Nbd2	Bg4
12	d5	g5

흑은 기다리는 게임을 하고 싶지 않으며, 반대로 가능한 한 빨리 주도권을 잡을 준비를 갖추기를 원합니다. 그러나 그의 텍스트 무브는 f5에 두드러진 약점을 만들고, 백은 곧 그것을 이용합니다.

13	Nf1	h6

14	Ng3	Rd8

14...Rd8는 흑에게 있어서 퀸사이드 룩의 라인을 막지 않으면서 흑 비숍이 c8로 후퇴하는 아이디어로 진행되었다고 생각합니다. 하지만 이로 인해 흑의 퀸사이드가 약해지고 백은 그 이득을 즉시 이용합니다.

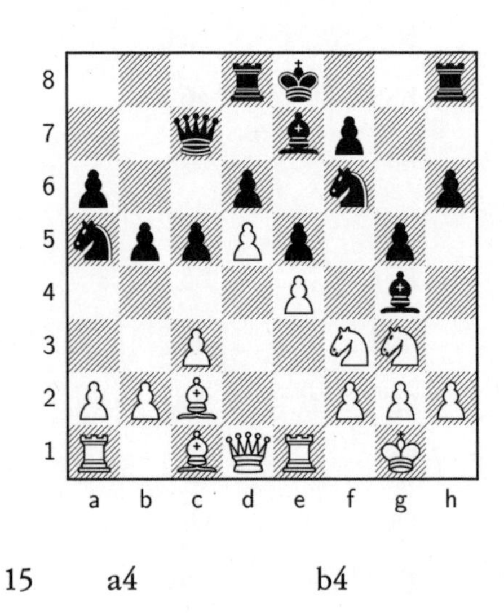

15	a4	b4

흑은 백이 오픈 파일을 갖는 것을 원치 않았습니다.

16	cxb4	cxb4
17	Bd3	Bc8
18	Be3	Ng4
19	Rc1	Qb8
20	Bd2	Qb6

21	Qe2	

저는 21 Qe2의 결과로 나중에 교환을 포기해야 한다는 사실을 알았지만, 이를 통해 얻은 포지션과 폰이 충분한 보상 이상이라고 여겼습니다. 그렇지 않았다면 Re2를 뒀을 것입니다.

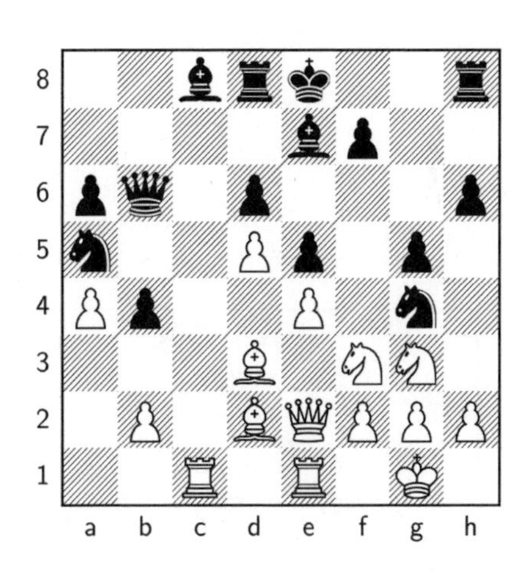

21	...	Nb3
22	Rc6	Qa5
23	Bxa6!	Bd7
24	Bb5	Bxc6

흑은 폰을 잃었고 룩에게 가장 소중한 퀸사이드 비숍도 잃었습니다. 결과적으로 f5의 구멍은 백 나이트들에게 충분히 열려 있습니다.

25	Bxc6+	Kf8

26	Qc4	Nxd2
27	Nxd2	Qa7
28	Qe2	h5
29	Nf5	Bf6

29...Bf6는 백이 h3를 두겠다고 위협하기에 대응하기 위한 ...Nh6를 두기 위한 수입니다.

30	Nc4	Qc5

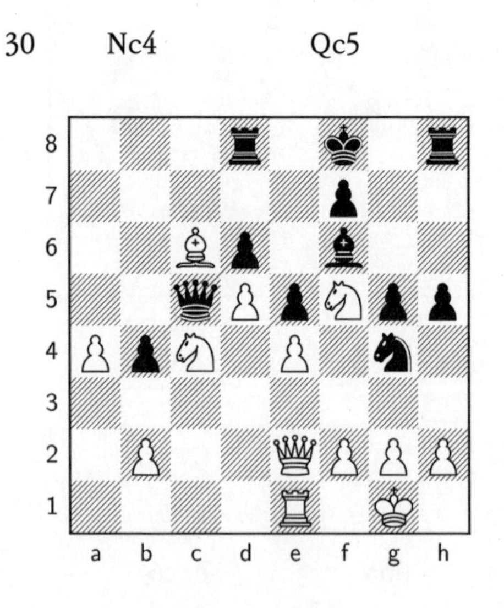

흑 기물들은 이제 상자 안에 든 것처럼 보이고, 실질적인 백의 승리는 단지 절차 상의 문제일 뿐입니다. 백은 가장 단순한 노선을 취하는데, 퀸들을 교환하고 흑의 킹사이드 룩이 완전히 쓸모없는 현실을 이용하는 것입니다.

31	b3	Nh6

32	Nxh6	Rxh6
33	Qe3	Rc8
34	Rc1	Bd8

34...Qxe3는 경기를 상당히 연장시켰겠지만, 흑이 패배를 피하지는 못했을 것입니다.

35	Qxc5	dxc5
36	Nxe5	Ke7
37	Rxc5	f5
38	Rc4	Ba5
39	Bb5	Rxc4
40	Nxc4	Bc7
41	e5	Bb8
42	Ne3	Rh7

폰을 잃고 곧 교환도 있을 테니 흑은 기권해야 했습니다.

43	Nxf5+	Kf7
44	e6+	Kf6
45	e7	Rxe7
46	Nxe7	Kxe7

그리고 흑은 61수에서 기권했습니다.

35. 퀸스 갬빗 거절 *Queen's Gambit Declined*

(6라운드)

-외국인에 의한 최고의 경기에 수여되는

데일리 메일Daily Mail상 수상

백: J. R. **카파블랑카** **흑**: R. H. V. **스코트**Scott

1	d4	d5
2	c4	c6
3	Nf3	Nf6
4	e3	e6
5	Nbd2	Nbd7
6	Bd3	Bd6
7	0-0	0-0
8	e4	dxe4
9	Nxe4	Nxe4
10	Bxe4	Nf6

흑이 확립한 전개는, 제 기준으로는 상당히 만족스럽지 못합니다.

11	Bc2	b6
12	Qd3	h6

12...h6는 Bg5를 막기 위해서입니다.

13	b3	Qe7
14	Bb2	Rd8

만약 14...Ba3면 15 Bxa3 Qxa3 16 Ne5 Bb7 또는 16...Qd6 17 Ng4.

15	Rad1	Bb7
16	Rfe1	Rac8

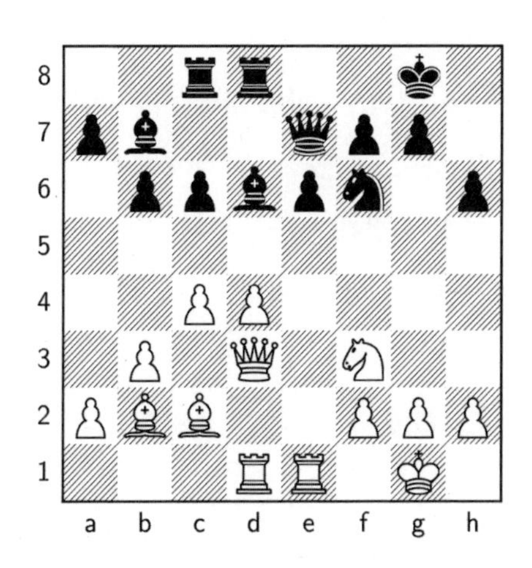

흑은 자신의 포지션의 위험성을 깨닫지 못하거나, 공격 용도로는 좋지만 방어에는 쓸모없는 수들을 만드느라 시간을 낭비하지 않으려는 것이 분명합니다.

17	Nh4	Bb8

다시 한 번 앞서 설명이 여기에 적용됩니다. 흑의 두 비숍들은 공격을 위해 매우 잘 배치되었지만, 방어를 위해 배치되지는 않았습니다. 그리고 이 경우 공격 포지션을 가진 쪽은 백이며, 흑이 아닙니다.

18 g3 Kf8

물론, 18...Kf8는 좋을 수가 없지만, 사실 흑은 아무것도 할 수 없는 포지션에 도달했습니다. 그는 백이 d5를 둘 가능성 때문에 ...c5를 둘 수 없습니다. 그리고 만약 18 g3를 둔 백이 침착하게 Re2를 둬서 더블 룩을 만들면, 필요한 시기에 흑의 g파일 폰과 h파일 폰, 그리고 e파일 폰에 대한 콤비네이션 공격으로 이어지게 됩니다. 그것은 사실상 백이 가진 모든 기물들로 가하는 흑 킹에 대한 직접적인 공격이며, 흑은 자신의 두 비숍을 모두 방어 목적으로 배치하게 됩니다.

19 Qf3 Kg8

흑의 이번 수는 백이 게임을 빠르게 끝낼 수 있도록 도와 줍니다.

20 Nf5 Qc7

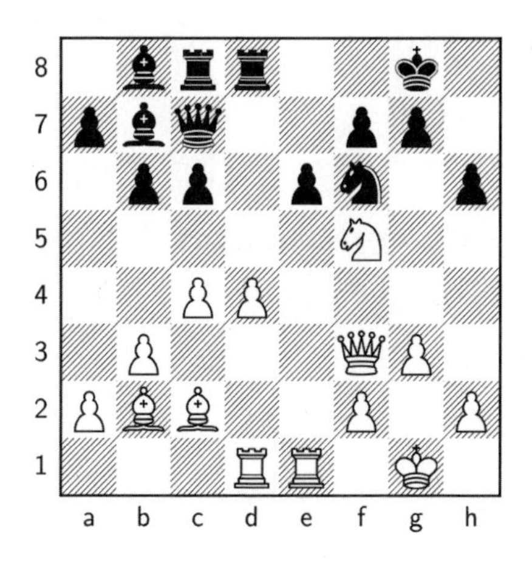

백이 의도적으로 허용하지 않는 한 결코 존재할 수 없었거나, 심지어 포지션 전개가 이탈될 수도 있는 공격을 위해 흑이 자신의 기물을 어떻게 모았는지 보는 것은 흥미롭습니다.

21	Nxh6+	Kf8
22	d5	cxd5
23	Bxf6	gxf6

23...gxf6는 흑의 기권과 마찬가지인데, 어떻게 하든 곧 메이트가 되거나 모든 것을 교환하며 룩에서 뒤처지게 될 것이기 때문입니다.

24	Qxf6	Ke8
25	Rxe6+	fxe6
26	Qxe6+	Kf8

27	Qf6+	기권
	1-0	

여기서는 2수로 메이트가 가능합니다. 따라서 27...Ke8면 28 Re1+, 그리고 다음 수로 메이트.

결론

이 책의 첫머리에서 말한대로, 허락된 나머지 여유 안에서 초보자들에게 유용한 몇 가지 포인트를 알려 드리겠습니다. 그것은 또한 더 경험이 많은 선수들에게도 가치가 있을 수 있습니다. 그러한 목적으로 1919년 11월 15일 토요일 햄스테드체스클럽에서 강의한 내용의 일부를 말씀드리고자 합니다.

얼마 전 한 선수가 평균적인 선수들을 위한 조언을 해 달라고 부탁했습니다. 그래서 저는 그에게 어떤 종류의 선수인지 물었고, 그가 발견한 일반적인 약점이 무엇인지 물어봤습니다. 그는 어떤 선수들은 매우 공격적이고 어떤 선수들은 전혀 공격적이지 않다고 말했습니다. 둘 다 잘못됐지만, 만약 여러분이 둘 중 하나가 되어야 한다면, 매우 공격적인 쪽이 훨씬 낫습니다.

게임은 세 부분으로 나눌 수 있습니다.

1. 오프닝
2. 미들게임
3. 엔드게임

세 부분에서 똑같이 효율적이 되기 위해 노력해야 하는 것이 하나 있습니다. 여러분이 강한 선수든 약한 선수든 간에 세 부분에서 동등한 실력을 가지도록 노력해야 합니다. 오프닝과 관련하여, 주요 원칙은 **신속하고 효율적인 전개**라고 말할 수 있습니다. 기물을 꺼낼 때는 반드시 올바른 자리에 놓아야 한다는 사실을 절대 잊어서는 안 됩니다. 미들게임에서는 **기물의 조화**가 주가 되는데, 대부분의 선수들이 허약한 부분입니다. 많은 이들이 협동적인 행동 없이 여기저기서 한 번씩 공격을 시도하다 나중에는 게임이 왜 잘못됐는지 궁금해 하게 됩니다. 여러분은 기물들의 동작을 **반드시** 조직화해야 합니다. 그리고 이것은 내내 이어지는 주요 원칙입니다. 엔드게임에서 여러분에게 필요한 것은 **정확하면서 시간을 절약하는 운영**입니다. 엔드게임에서는 시간을 벌거나 시간을 절약하는 수가 즉각적으로 고려되어야 합니다. 대략적으로 말하자면, 이것들이 원칙입니다.

주도권을 갖는 것은 상당히 유리하며, 일단 주도권을 가지면 지켜야 합니다. 만약 상대가 그것을 가지고 있고, 어떤 사고나 다른 이유로 그것을 포기한다면, 그것을 잡아채야 합니다. 강한 선수 입장에서는 상대 선수가 나쁜 동작을 할 것이라고 예상하며 수동적으로 운영하여 자신을 공격하게 만드는 것은 좋은 자질일 수 있습니다. 하지만 초급 선수나 중급 선수에게는 이러한 방법이 치명적이기 때문에 그와는 반대로 공격적이어야 합니다. 그들은 공격함으로써 창의적 능력을 키울 수 있기 때문에, 이것은 매우 중요한 내용입니다.

또 다른 매우 중요한 포인트는 방어에서 사용하는 힘에 대한 경제적 관념입니다. 폰이나 기물들이 공격당하거나, 특히 킹이 공격당했을 때 매우 자주 겁을 먹는 사람들을 발견할 수 있을 것입니다. 그들은 방어하기 위해 모든 기물들을 움직이려고 합니다. 이는 잘못되었습니다. 항상 가능한 한 적은 기물들로 킹을 방어해야 하며, 상대 킹을 공격할 때만 가능한 모든 기물들을 움직여야 합니다. 킹 외에 다른 기물을 공격할 때는 목표를 달성하기에 충분한 힘만을 사용해야 합니다.

오프닝을 시작하며 여러분은 지금까지 보지 못했던 수에 직면하게 될 것입니다. 여러분은 스스로에게 묻습니다.

"내가 무엇을 할 수 있을까?"

답은 "상식적인 수라고 부를 수 있는 것을 둬라"입니다. 기물들을 빨리 꺼내서, 안전한 곳에 둬야 합니다. 이렇게 한다고 해서 최선의 행마로서의 수를 둘 수는 없겠지만, 다음 게임을 위한 교훈이 될 것입니다. 가장 중요한 것은 가능한 한 빨리 당신의 기물들을 옮기는 것입니다. 저는 대부분의 사람들이 게임에서 지는 것을 싫어하며 패배를 나쁘게 받아들인다는 사실을 덧붙이고 싶습니다. 이것은 옳지 않습니다. 개선을 원하는 사람은 자신의 패배를 교훈으로 삼아야 하고, 미래에 무엇을 피해야 하는지 배우도록 노력해야 합니다. 여러분은 또한 신념에 대한 용기를 가져야 합니다. 자신의 수가 좋다고 생각되면 그렇게 하세요. 경험이 최고의 선생입니다. 경기 중 대부분의 사람들은 특정한 기동이 좋다는 생각을 가지고 있지만, 막상 그것을 만드는 것은 두려워 합니다. 그것은 잘못된 태도입니다. 여러분은 자신이 좋다고 생각하는 것을 주저 없이 진행해야 합니다.

해제
체스 천재는 어떻게 완성되는가
카파블랑카식 체스의 발전과 성취

1.

호세 라울 카파블랑카가 쓴 첫 영어 책인 『나의 체스 이력서』는 여러 모로 독특하고 특별합니다. 무엇보다도 역사상 최고의 체스 선수로 불리는 사람이 직접 풀어내는 삶의 이야기라는 점, 그리고 그 과정을 자신이 직접 치른 경기들과 그에 대한 연구를 함께 수록하여 삶과 체스가 어우러지는 청년기를 완성시킨다는 점에서 그렇습니다. 카파블랑카가 엠마누엘 라스커와 세계 체스 챔피언 자리를 두고 승부를 벌이기 전인 1919년까지의 시간을 다루는 이 책에서 우리는 그가 체스 기물을 처음 잡았던 다섯 살 즈음부터 챔피언 자리에 도전할 정도로 진화하는 서른한 살에 이르기까지의 모습들을 볼 수 있습니다. 그야말로 최고의 체스 선수로 거듭나는 과정을 본인의 증언으로 확인할 수 있는데, 그 과정에서 나오는 프랭크 마셜과 아론 님조위치 같은 당대의 전설적인 선수들과의 일화들은 그 자체로 지식적인 흥미를 불러 일으키기도 하거니와 그들과의 대결에 대한 해석은 카파블랑카가 체스 경기에 임하는 사고방식과 궁극적인 결말에 대한 목적의식 등에 대한 풍부한 정보를 제공해 줍니다.

오프닝에 대한 지식이 거의 없는 상태에서 체스 마스터들을 꺾었다는 카파블랑카의 유명한 이야기는 이 책에서 증언되는 내용이기도 합니다. 사실 여기서 보여지는 카파블랑카의 모습은 아버지를 체스로 이기는 장면이 나오는 초반부터 자신감 넘치는 천재의 이미지 그 자체입니다. 그런데 엔드게임에는 천성적으로 강하지만 오프닝에는 큰 관심이 없어서 관련 지식에 취약한 그의 모습은 꽤 오래 이어집니다. 이는 카파블랑카가 오프닝의 취약함에도 불구하고 거듭해서 거둔 승리가 일조한 면이 있습니다. 즉 오프닝을 몰라도 이기는 카파블랑카라는 천재 입장에서는 오프닝을 배울 필요성이 절박하지 않을 수밖에 없었던 것입니다. 물론 그럼에도 불구하고 그는 오프닝에 취약한 자신에 대한 문제의식이 있었고, 초반부터 거의 완성된 능력치를 보이는 엔드게임과는 달리 오프닝 실력은 미들게임과 함께 꾸준하게 발전하는 부분이기도 합니다. 그리고 그렇게 된 저변에는 카파블랑카가 제자에게 자신의 지식을 정리하여 전수하는 에피소드가 계기가 됐기도 하거니와, 아마도 성장하면서 체스에 대해 갖게 된 미의식과 어느 정도 연관된 게 아닐까 짐작해 봅니다.

2.

카파블랑카는 흔히 기계 같은 엔드게임 실력으로 최강자가 되었고, 그 때문에 엔드게임에만 집중한다는 세간의 오해가 있습니다. 그러나 이 책에서 카파블랑카의 체스는 엔드게임을 향한 달리기가 아닌 전체적인 흐름을 구상하여 그려내는 모종의 예술가적 접근을 추구하고 있다는 점에서 그러한 오해를 불식시킵니다. 그는 또한 체스가 어떤 인상적인 한 수로만 평가되는 것을 거부하고 모든 기물들이 목적의식을 갖고 집단적으로 움직여서 선후 관계가 아름답게 맺어지는 게 중요하다는 걸 곧잘 강조합니다. 체스가 일찍이 수 많은 예술가들에게 예술적 영감을 제공한 역사와도 부합되는 듯한 이러한 소위 '큰 그림'에 대한 카파블랑카의 애착을 확인하는 것은 흥미로운 부분이며 고전적인 체스 대가들의 낭만적인 정서를 파악할 수 있는 부분이기도 합니다. 그래서 그는 상당수의 경기들에서 자신의 미적인 만족감에 대해 이야기하고 있는데, 이 또한 그가 체스를 승부로서의 게임으로서만이 아니라 예술적 관점에서 바라보고 있음을 의미하는 증거입니다.

책에서 제시되는 35개의 경기들은 모두 카파블랑카가 승리한 게임으로서 그가 설계한 설계도를 따라 경기가 진행되는 경우들이 상당수입니다. 자신의 주장을 뒷받침하는 복잡다단한 해석은 해당 경기들의 우수성이 인정되어 받은 다수의 수상 경력들이 객관적으로 증명합니다. 경기 하나가 통째로 제시되는 긴 호흡을 따라가는 것은 일반적인 독자로서는 쉽지 않을 수도 있으나 최고 수준의 그랜드마스터가 직접 말하는 자신의 '예술'에 대한 설명이라는 점에서 『나의 체스 이력서』가 갖는 독보적인 성격은 특별하다고 볼 수 있을 것입니다.

3.

『나의 체스 이력서』 원서의 기보는 현재 쓰이는 대수기보법이 아닌 과거에 쓰이던 설명기보법으로 되어 있었어서, 그것을 대수기보법으로 옮기는 것은 꽤 시간이 걸리는 일이었습니다. 그런데 막상 설명기보법을 보면, 꽤 괜찮은 기보법이라는 생각도 듭니다. 기보법으로서 확인하기 용이한 합리적인 면도 있으며 특히 기물의 명칭이 명시되어 있어서 어떤 기물이 어떤 기물을 잡았는지 등을 정확하게 파악할 수 있다는 점이 그렇습니다.

그러나 현재 세계체스연맹에서 공인한 기보법은 대수기보법이며, 요즘 만들어지는 모든 체스보드들도 그에 맞춰 대수기보법이 표기된 보드로 제작되기에 설명기보법을 적용하기 어렵습니다. 그리고 설명기보법은 표기의 주체가 위치가 아닌 기물 명칭이다 보니, 정확한 사정을 알려면 대수기보법보다 품이 드는 면이 있습니다. 예를 들어 설명기보법으로 RxR이라는 표기는 룩이 룩을 잡았다는 의미이나 어느 위치에 있는 룩이 어느 위치에 있는 룩을 잡았는지 확인하려면 앞의 룩과 뒤의 룩의 위치를 확인해야 합니다. 반면 대수기보법은 같은 기보 내용이 Rxc1 등으로 표기되는데, 적어도 잡히는 위치와 앞의 기물이 도착하게 되는 칸은 처음부터 알 수 있습니다. 이렇듯 여러 가지 면에서 보면 대수기보법이 설명기보법에 비해 경제적이라는 것을 알 수 있으며 그 때문에 대수기보법이 선택된 면도 있을 듯합니다. 아무튼 해외 사이트에 올라오는 과거의 체스 책들에 대한 불만 리뷰들 다수에서 "설명기보법으로 표기되어 있어서 읽기 힘들다"가 발견되는 걸 보더라도 대수기보법으로의 치환은 필수적일 수밖에 없었습니다.

4.

지난 첫 체스 책 펀딩인 카파블랑카의 『체스의 기본』 제작에서도 펀딩을 통해 많은 분들의 도움을 받았고 이번 『나의 체스 이력서』도 후원해 주신 많은 분들 덕분에 제작될 수 있었습니다. 작업을 진행하는 기간 동안 있었던 세계 체스 챔피언 결정전과 작업을 끝내는 시점에 시작된 체스 올림피아드와 더불어 즐겁게 일을 할 수 있는 동력이 되었습니다. 후원해 주신 모든 분들께 감사드리며 『체스의 기본』과 함께 본서 또한 국내 체스 문화의 발전에 긍정적 기여를 할 수 있길 바라고 있습니다.

『체스의 기본』 후원자들(가나다순)

강문석 권순욱 김경준 김기범
김동규 김미정 김민서 김병민
김보람 김세인 김소명 김윤규
김익수 김인왕 김지은 김태웅
김현호 김황전 냐룩이 동굴곰
박지훈 박태진 배용현 범종혁
송용혁 송창화 엄석훈 엄우용
용효빈 우리팜약국 유가람 윤강호
윤성균 으징 은령 이 원
이건표 이신의 이아영 이우석
이유녀 이은석 이주영 임수연
장예지 정성욱 정홍제 조기찬
최문빈 최현섭 푸른 나무 한나
허창선
Bengi buzzsongs Caesar G.O.M - E
H Hesse hoonyhoony izzyu
la_ran_ Olannze Rhea Rajesh Rutas
Vivian H Z

SILENCE PLEASE!
MILAN VIDMAR J. R. CAPA

나의 체스 이력서

초판 1쇄 발행 | 2022년 8월 31일

지은이 | 호세 라울 카파블랑카
펴낸이·책임편집·옮긴이 | 유정훈
디자인 | 우미숙
인쇄·제본 | 두성P&L

펴낸곳 | 필요한책
전자우편 | feelbook0@gmail.com
페이스북 | facebook.com/feelbook0
블로그 | blog.naver.com/feelbook0
포스트 | post.naver.com/feelbook0
팩스 | 0303-3445-7545

ISBN | 979-11-90406-15-4 03690